汉英互译中思维模式调适研究

The Research into Adjustment of Thinking Modes in Translation Between Chinese and English

刘 欣 著

清华大学出版社
北 京

内 容 简 介

本书在中西思维比较的范畴内，结合跨学科研究的视角，对汉英互译中思维模式的调适展开深入探析，反思汉英互译中思维模式差异引发的问题及冲突，并针对这些问题和冲突提出相应的解决方案。本书紧紧围绕汉英思想文化渊源的比较研究，凸显中国文化精神的重要价值。本书最终落脚于汉英互译中思维模式调适研究对翻译教学和中外文化交流的启示，助力翻译人才培养理念的优化，使翻译人才不仅具备语言优势，而且具备思维优势，以讲好中国故事，从而更广泛、更充分地传播中华优秀传统文化和当代思想文化成果。

版权所有，侵权必究。举报：010-62782989，beiqinquan@tup.tsinghua.edu.cn。

图书在版编目（CIP）数据

汉英互译中思维模式调适研究 / 刘欣著. -- 北京：清华大学出版社，2025.4. -- ISBN 978-7-302-67891-5

Ⅰ.H315.9

中国国家版本馆 CIP 数据核字第 2025L8C409 号

责任编辑：杨文娟
封面设计：平　原
责任校对：王荣静
责任印制：丛怀宇

出版发行：清华大学出版社
网　　址：https://www.tup.com.cn, https://www.wqxuetang.com
地　　址：北京清华大学学研大厦 A 座　　邮　编：100084
社 总 机：010-83470000　　邮　购：010-62786544
投稿与读者服务：010-62776969, c-service@tup.tsinghua.edu.cn
质量反馈：010-62772015, zhiliang@tup.tsinghua.edu.cn

印 装 者：涿州市般润文化传播有限公司
经　　销：全国新华书店
开　　本：155mm×230mm　　印　张：12.5　　字　数：185 千字
版　　次：2025 年 4 月第 1 版　　印　次：2025 年 4 月第 1 次印刷
定　　价：98.00 元

产品编号：095014-01

前　言

在严复提出的"信、达、雅"的翻译标准中,"达"是关键。所谓"达",即通达、明达,就是把想要传递的信息、意义、精神、风格等恰如其分地呈现出来。在汉译英实践中,译者往往存在英语表达不准确、不恰当、不流畅的问题。在英译汉实践中,译者也常常很难把握英语语句准确的含义,无法用清晰顺畅的汉语表达出来。一直以来,这些问题的出现通常被归咎于译者对原文理解不够透彻、用词不够精准、遣词造句不够优雅、缺乏翻译经验等。但更隐蔽的因素是很多译者未能自觉意识到汉语和英语之间存在思维模式的差异,因为翻译不仅是文字的转换,从更深层上说,亦是思维模式的转换。语言不仅是思维的载体,而且也是思维模式的主要表现形式。思维模式又对语言表达习惯及方式有着极强的约束力。不同的思维模式在语句结构、语法结构、篇章架构等方面表现出明显的差异性。正如本杰明·李·沃尔夫(Benjamin Lee Whorf, 2012：39)所言,如果思维被看成是语言性的,那么构成思维真正本质的便是词与词之间的关系。譬如,西方人在思维上注重细节,讲究个体成分的独立作用,以"假设的概念"为出发点,以形式分析和逻辑推理为主要思维特征；中国人的思维则偏向整体性、直观性,认识和处理外部事物时习惯综合概括。这种思维模式的差异反映在语言结构上：英语语言结构"主体性"突出,语句结构严密且明确,层次鲜明,语法成分在语句的建构中具有独立的作用,比较注重句子结构形式的完整和语义表达的逻辑合理；汉语表达重语境,句法关系主要靠词序和语义关系来表达,并不推崇形式上的完整,语言表达常被认为是"言志"的累赘。因此,汉语自古以言简意赅著称,通过"意象并置",最终实现"得意而忘言"。

语言与思维之间难以剥离的关系使得我们在翻译研究过程中,需要认真思考不同思维模式产生的根源和差异所带来的冲突对译文的影响。但在翻译实践中,受到语言迁移、理解障碍和视域演变等因素的影响,译者可能忽略了这些差异的存在，将母语中的思维模式不自觉地渗透到对原文的理解和翻译过程中，引发不同思维模式之间的冲突，从而出现对原文的误解、误读、误译问题。换言之，在翻译过程中，由于意义向一切可能的理解敞开大门，如果在思维"前结构"中缺乏原语和目的语所蕴含的思想背景和观念体系，原文的完整性和独立性很难抵御来自基于译者母语思维模式的曲解，从而造成译者驻足于文字之间含义的直接转换，缺乏对由思维模式决定的语句的思想背景、意义判断、价值取向、文化形态的整体理解，译文常常无法实现精准和达意。

译者是否具备不同思维模式转化的认知能力，在很大程度上决定了翻译能否最终达成意义的准确建构。尤其是在面对"可译"与"不可译"的问题时，即在处理托马斯·萨缪尔·库恩（Thomas Samuel Kuhn）所说的"不可公度性"（incommensurability）问题时，如何平衡原语与目的语各自包含的思维模式的多样性与收敛性，同时增加译文的认知显著度和表达生动性，是实现理想译文的关键。余光中（2014：2）在《翻译乃大道》一书中说："大翻译家都是高明的'文字媒婆'，他得具有一种能力，将两种并非一见钟情甚至是冤家的文字，配成情投意合的一对佳偶。"这种能力就包括在翻译过程中、在文字交错间，将思维模式"调适"到恰到好处的能力。本书强调"调适"而没有采用翻译学界通用的"转换"的说法，原因在于"转换"侧重思维模式的转变过程，未能凸显"转换"的效果；而"调适"指的是在探究不同思维模式差异的基础上，找到它们的对应关系，通过思维模式的调整使译文所呈现的思维模式"刚好（适）"符合译文读者的思维习惯。但要做到这一点并非易事，需要译者在认识并掌握汉英思维模式的特点、差异性及两者产生的根源的基础上，以读者能够理解的方式，将原文的语义、情感及其背后的思想背景和观念体系准确地传递出来。

本书借助哲学、中西文化比较、认知科学的理论，以跨学科的视角全面系统地审视汉英思维模式的类型及差异，梳理出一条汉英互译中思维模式调适的研究脉络，沿着"汉英互译中思维模式调适研究的理论基础→汉英互译中思维模式差异的基本特征→汉英互译中的思维模式冲突→汉英互译中思维模式调适的路径→汉英互译中思维模式调适的应用"的研究思路和框架，对汉英互译中思维模式的调适展开深入探析，积极反思汉英互译中思维模式引发的问题及冲突，并针对这些问题及冲突提出相应的解决方案。同时，本书紧紧围绕着汉英思想文化渊源的比较研究，积极凸显中国文化精神的重要价值。

本书最终落脚于汉英互译中思维模式调适研究对翻译教学和中外文化交流的启示。随着中国文化"走出去"对外发展战略的实施，国家对高层次翻译人才的需求日益增长。习近平总书记提出"打造融通中外的新概念、新范畴、新表述"的要求，为翻译人才的培养指明了发展方向。其中，"融通"的关键是在了解自我与他者差异性的基础上，实现自我与他者的有效沟通，为中国在国际舞台上争取更大的话语空间。这就要求翻译人才要充分掌握汉英思想文化差异，在具体的翻译实践活动中对汉英思维模式进行自觉调适，用对方能够准确理解的方式宣讲中国话语，弘扬中华文化。因此，本书旨在通过汉英互译中思维模式调适的研究，助力翻译人才培养理念的优化，使翻译人才不仅具备语言优势，而且具备思维优势，讲好中国故事，从而更广泛、更充分地传播中华优秀传统文化和当代思想文化成果。

许渊冲（2012：83）曾说："最好的译语表达方式，不只是翻译原文的文字，而是要译出原文所写的现实，解决原文'名'与'实'的矛盾。"而如何能够"道"出原文所要表达的现"实"，是值得每一位译者和翻译研究者深入思考的。希望本书能够起到"抛砖引玉"的效果，启发更多的学者进行相关研究。

本书系2019年度辽宁省社会科学规划基金一般项目"文化外译背景下的汉英思维方式冲突及对策研究——以英美媒体对中国核心价值观评述为例"（编号：L19BYY023）、辽宁省教育科学"十四五"规划2021年度立项一般课题"新文科理念在'双核外语人才'培养中的实践与应用"（编号：JG21DB136）、辽宁师范大学博士启动科研项目"高端汉英翻译人才认知模式培养研究"（编号：2024BSW002）成果之一。

刘　欣

2025年3月

目 录

第1章 汉英互译中思维模式调适研究的理论基础 ……… 1

1.1 汉英互译中思维模式调适研究的时代背景 ……… 1
1.2 语言、翻译与思维模式的关系 ……… 4
1.3 汉英互译中思维模式调适研究的主要方法 ……… 9
    1.3.1 认知翻译学的视角和方法 ……… 9
    1.3.2 哲学诠释学的研究方法 ……… 12
    1.3.3 中西思想文化比较的研究方法 ……… 14
    1.3.4 认知神经科学领域的研究方法 ……… 17
1.4 本章小结 ……… 18

第2章 汉英互译中思维模式差异的基本特征 ……… 19

2.1 关系优先与实体优先 ……… 19
    2.1.1 作为哲学范畴的关系与实体 ……… 20
    2.1.2 汉英语句结构上的关系优先与实体优先 ……… 22
    2.1.3 汉英语句功能上的关系优先与实体优先 ……… 28
2.2 取象与抽象 ……… 32
    2.2.1 作为哲学范畴的"象"与"现象" ……… 32
    2.2.2 汉英语言中取象与抽象的不同路径 ……… 37
    2.2.3 汉英语言中取象与抽象的不同效果 ……… 41
2.3 直觉与逻辑 ……… 44
    2.3.1 汉语中的直觉与逻辑 ……… 45
    2.3.2 英语中的直觉与逻辑 ……… 50
    2.3.3 汉英互译中的认识路径转换 ……… 54

2.4 意会与建构 ·· 56
2.4.1 汉语中的意会 ·· 56
2.4.2 英语中的建构 ·· 57
2.4.3 立象尽意与意向性的反差 ······································ 60
2.5 变通与规定 ·· 62
2.5.1 汉语中变通的表征与模式 ······································ 62
2.5.2 英语中规定的表征与模式 ······································ 65
2.5.3 变通与规定的矛盾与协调 ······································ 69
2.6 本章小结 ·· 72

第3章 汉英互译中的思维模式冲突 ·································· 74
3.1 语言迁移引发的思维模式冲突 ·· 74
3.1.1 语言迁移的含义及特点 ··· 74
3.1.2 思维模式对语言迁移的影响 ··································· 77
3.1.3 影响语言迁移的具体因素 ······································ 80
3.2 理解障碍引发的思维模式冲突 ·· 86
3.2.1 汉英互译中的理解障碍 ··· 86
3.2.2 文化传统造成的影响 ·· 88
3.2.3 生活世界造成的影响 ·· 90
3.3 视域演变引发的思维模式冲突 ·· 92
3.3.1 汉语表达中的视域扩展 ··· 93
3.3.2 英语表达中的视域收缩 ··· 96
3.3.3 视域演变冲突的特征 ·· 97
3.4 汉英互译中思维模式冲突的根源 ···································· 98
3.4.1 主体性不突出 ··· 99
3.4.2 隐喻能力不足 ·· 105
3.4.3 例证分析能力不足 ·· 109
3.4.4 层级建构能力不足 ·· 113
3.4.5 "是"概念不发达 ·· 118
3.5 本章小结 ··· 120

第4章 汉英互译中思维模式调适的路径 121

4.1 汉英互译中思维模式调适的基本原理 121
4.1.1 汉英互译中思维模式调适的含义 121
4.1.2 汉英互译中思维模式调适的认知控制机制 123
4.1.3 汉英互译中思维模式调适的神经机制 125

4.2 关系思维与实体思维之间的调适 126
4.2.1 思维前结构的调整 126
4.2.2 关系思维向实体思维的调适 129
4.2.3 实体思维向关系思维的调适 133

4.3 直觉思维与逻辑思维之间的调适 135
4.3.1 直觉与逻辑认知特征对比 136
4.3.2 直觉思维向逻辑思维的调适 137
4.3.3 逻辑思维向直觉思维的调适 140

4.4 变通性思维与规定性思维之间的调适 143
4.4.1 变通性思维向规定性思维的调适 144
4.4.2 规定性思维向变通性思维的调适 147

4.5 本章小结 152

第5章 汉英互译中思维模式调适的应用 153

5.1 对翻译教学的启示 153
5.1.1 在翻译教学中开设比较文化课程 153
5.1.2 在翻译教学中培养批判性思维能力 155
5.1.3 翻译人才哲学素养的培育 157

5.2 对汉英文化交流的启示 159
5.2.1 注重汉英文化交流中的思维模式差异 159
5.2.2 加强文化交流中理解和解释的研究 160
5.2.3 优化汉英文化交流中的对话关系 162

- 5.3 对讲好中国故事的思考 ·· 163
  - 5.3.1 基于思维模式调适角度的思考 ······················· 163
  - 5.3.2 基于翻译人才培养角度的思考 ······················· 165
  - 5.3.3 基于文化发展战略角度的思考 ······················· 167
- 5.4 本章小结 ··· 169

结语 ·· 170

参考文献 ·· 173

后记 ·· 189

第1章

汉英互译中思维模式调适研究的理论基础

讲好中国故事是一种具有认识论内涵的文化外推策略；是一种敞开自我，积极地与不同的他者在政治、经济、教育等各个领域进行互动的行为；是不同文化脉络相互碰撞、相互交融的过程。在这一过程中，由于不同语言社团的思维模式存在明显的差异，在一定程度上使得讲述中国故事在对外传播过程中可能遇到某些障碍，很难达到预期的效果。因此，从思维模式调适的视角，对语言、思维与翻译之间关系的深入解析能够为化解中国故事对外传播过程中出现的问题提供新的思路。

汉英互译中思维模式调适是一个可以从多个学科角度审视和思考的现实问题，也是一个多学科关注的理论话题。要较为全面地论证汉英互译中思维模式调适的可能性，我们首先需要利用跨学科的研究视角，为汉英互译中思维模式调适研究的深入提供相应的理论基础，包括分析其时代背景，探讨语言、翻译与思维模式的关系，以及确定汉英互译中思维模式调适研究的主要方法。

1.1 汉英互译中思维模式调适研究的时代背景

在汉英文化交流中，各种意义表达对交流双方来说都是一种挑战。人们所期待的不仅是能够理解交流中使用的语词，而且是能够分享对方的思想和观点。参与交流的人们会积极地借助自身的思维模式，将对方的言说内容进行解读与再造。而理解本身就是重新认识和构造意义的过程（张汝伦，1986）。这里可能出现的问题是，在思维模式存在较大差异的情况下，交流双方用自身思维模式去追溯对方思维模式作用下的意义形成的过程，其结果往往不尽如人意。因为基于思维模式形成的思维习惯总是先于理解而发生，思维习惯产生的"偏见"往往成为准确理解交流对象的障碍。换言之，基于母语思维习惯产生的"偏见"将言说内容的意义从其所在的原发的思维模式中抽离出来，这实际上是以一种孤立的方式去理解言说内容的意义，也就很难准确地把握言说内容自带的发展线索、意图联系以及其中包含的必然性和整体性，使得交流双方很容易误解对方传递的意义，引发汉英文化交流中的摩擦和冲突。

在中国文化"走出去"的战略背景下，如何解决"传与受"之间的思维模式偏差，消解"叙事者—受众者"之间的二元对立，是讲好中国故事的关键问题之一。因为讲好中国故事的重要任务之一，是立足于中国文化，诠释中国文化的深邃内涵。在这一过程中，中国文化不可避免地会与其他文化体系发生摩擦。而作为文化的核心要素之一，思维模式的作用发生在文化观念深处，反映了不同文化背景的人们认识自身及客观世界的根本方式的差异对认知过程中不同要素及其关系理解的不同。由此引发的问题是：一方面可能造成中国话语"有理讲不出，讲了对方听不懂"的尴尬局面；另一方面，西方世界通过其自身的思维模式去解读中国话语，这就难免受其影响，在一定程度上导致对中国话语的误解和误判，加深中国与西方世界的隔阂。换言之，忽视汉英语言体系中蕴含的思维模式差异，是引发翻译中不同程度的误读、误解等问题的深层原因之一，在一定程度上导致中国故事在对外传播过程中出现偏差，较难建构起完整和准确的中国形象，进而影响中国故事更为广泛、有效地传播。

需要指出的是，虽然汉英思维模式之间存在明显的差异，但并不意味着双方互不相容、绝对对立。事实上，正是汉英思维模式之间的差异，或者说两者之间的距离，为彼此的调适提供了必要的空间。通过洞悉现代汉语思维的变化与现代西方文化中抽象思维的演变，可以发现汉英互译中思维模式得以调适的可能性。更为具体地说，中西文化交流离不开文化可译性这一大前提，中西方文化之间的相互理解需要建构一种转译的机制。通过对汉英思维模式背后的世界进行系统的比较分析，译者能够发现其各自隐匿于思维活动中的历史渊源、文化传统、认知特征等背景因素，从较深层次揭示汉英思维模式差异对中国故事对外传播产生的影响。由此,汉英互译面临着双重任务:其一,揭示认识主体表征外部世界的方式;其二,揭示他者表征外部世界的方式,发现两者可调适的可能性。从这个意义上说,汉英思维模式各自的偏向性和有限性不再是中西文化交流无法克服的障碍,而是中西文化转译的基本条件。

因此,对汉英思维模式的差异性和互补性、结构性和历史性之间动态张力的深入解析,能够在一定程度上揭示中国文化精神不同于西方文化精神的基本特质,并以此为镜,洞察西方文化精神发展和演变过程,从而揭示中西文化交流障碍产生的根源。在这个过程中,中西文化可以互为参照,给予对方新的定位,并赋予对方一种现代的诠释和解读,这对于讲好中国故事有着重要的意义,因为中国故事中渗透着中国文化的本质特征、民族风节、价值意蕴等。为了让西方文化背景下的受众不仅理解,而且认同中国故事中蕴含的文化精髓与现代价值,进而实现习近平总书记在中国共产党第十九次全国代表大会上提出的"为解决人类问题贡献中国智慧"的宏伟目标,翻译工作者需深入理解语言、思维与翻译的内在联系,从思维模式调适的角度出发,创新性地解决"中国故事"国际传播中的难题,采用西方受众易于理解的语言表达,通过他们熟悉的信息编码方式,精准而生动地展现中国故事的核心内容,有效传播中国的理念与主张。因为在翻译过程中,"从一开始就不能把语言或思维看成彼此孤立的东西,而应当作为一个统一体,表面上是一个方面,而内部已经是不可分离的含语言和思维两方面的统一体"(高名凯,2011:83)。

总之,汉英互译中思维模式的调适研究是从较深层次挖掘出中西文化实现相互沟通和相互理解的可能性,开拓中西文化交流的研究视野,撷取各自文化中最佳的思想资源,打通由思维模式差异造成的中西交流壁垒,实现中国与西方世界之间平等、有效的对话,推进中国元素融入世界多元文化体系的建构中。同时,汉英互译中思维模式调适研究能够在中西文化传统的互动中提炼出超越特定文化限制的普适化因素。更为具体地说,从汉英思维模式比较的视角,将国外受众的文化心理纳入研究范畴之中,探究中国故事对外传播的讲述方式,找到中国文化与其他文化之间相互契合、相互融合之处,从而发现中国故事获得国际认同的思维路径,这对于增强中国故事对外传播的效果，以及对中国文化价值的认同，促进中西文化的深度交流有着重要的理论价值和现实意义。

1.2 语言、翻译与思维模式的关系

语言之间的差异主要不是表现在特殊的语言用法，而是表现在其自身对材料的组织排列方式，以及它对世间万象最一般、最日常的分析。虽然思维涉及的范围比单纯的语言形式本身要大，它包括语言形式的所有类推和联想价值及语言与整体文化之间的所有互动，但其中有大量情况不是完全靠语言表达的，却显示了语言的建构性影响（shaping influence）（本杰明·李·沃尔夫，2012：144）。概念的表达并非简单地依赖于语法中任何单个体系（例如，时态、名词概念），而是根植于被语言固定下来的分析和报告经验的方式，换言之，它是一种跨越典型语法分类、整合性的"言谈方式"（fashions of speaking）（本杰明·李·沃尔夫，2012：157）。这种"言谈方式"是由语言成分加上某些非语言成分的表达手段组合而成的，是在内容方面具有一种意义的复合物。这种具有意义的复合物正是思维所承载的思想的表征。可见，语言与思维是一个统一体，难以将两者完全分割进行研究。

语言与思维之间存在着密不可分的内在联系，并共同构成了人类认知和交流的核心。随着社会历史的发展不断向前演进，在地域、历史、文化、语言等因素的影响下，思维必然能够呈现出上述诸多因素特征的活动轨迹，这种活动轨迹就是思维模式。思维模式体现了思维主体对思维对象在现象与本质、个别与一般、偶然与必然、渐变与突变等方面的认识存在的差异。而思维模式的差异源于思维主体反映思维对象的形式结构、操作程序、方式方法存在明显的差异性，源于思维过程中不断有思维主体的因素融入其中，改变思维对象以及思维主体与思维对象之间的关系组合方式（张恩宏，1987：279）。因此，思维模式体现了人们认知外部世界、处理自身与外部世界关系、处理矛盾冲突的具体路径的相对固定的样式，是表征思维主体在思维活动中不同结构、不同特征、不同类型的核心认知范畴。任何民族的思维活动总是通过一定形式、采用一定方法进行的，凸显该民族的思维特征，并按照该民族共有的程序连接组合起来进行操作。

在语言结构基础上产生的思维模式一旦形成，就会反过来成为语言研究的理论基础。例如，在中国传统思想文化中，任何现象都处于关系网中，其本身的"真"是在整体中被决定的，其背后就有一个真实体存在，于是就产生了"显中有隐"的观念。因此，对现象的掌握一定是基于对现象之间关系的掌握。每个现象都包含着多重含义，意义来自现象本身的变化，语言的意义来源于主客体相交的结果。个别现象反而变得很模糊。换言之，现象构成的网络用来表现个体，但并不否认个体。所以，汉语虽有所指，但真正的指向却是那个言外之意。语言的出场方式或者方向一定是以前未曾预料到的，一定是要开辟新的天地（尚杰，2010）。而如何能够做到这一点，一定是在"彼"与"此"之间以"好像"的方式酝酿一个模糊地带，把不是一类事情之间的界限打通，同时造就了汉语非对象性的特征，在概念的整体性与相关性之间引发意义的多样性、多层次性。

进一步来说，中华民族传统思维重视事物的功能联系，轻视实体性质，对问题强于综合而弱于分析，看重事物之间的完整性、对称性，以及彼此间是否能达到和谐的状态，并在这种和谐的状态中酝酿着事物的意义以及变化的萌芽。例如，《老子》中提到："有无相生，难易相成，长短相形，高下相倾，音声相和，前后相随。"这些特征反映在汉字构字层面，表现为汉字书写是通过阴阳互补实现构势互补的特征。唐朝大书法家欧阳询在《八诀》中提到，"不可头轻尾重，无令左短右长，斜正如人，上称下载，东映西带"，形象地说明了汉字有内在的动态冲动和构造空间，其构形本身就有构意的可能（张祥龙，2011b：454–455）。可见，最初的汉字不是表音的，也不分析字的发音，而是只表意的象形文字，即一个符号标示整个词的意义而不标示读音（高本汉，2010：18）。而英语字母的形状及书写呈现水平横线，它一开始就是以一种抽象的方式，以精神观念的形态出现，用语音模仿观念。例如，约翰·歌特弗雷德·赫尔德（Johann Gottfried Herder）在《论语言的起源》（*Über dem Ursprung der Sprache*）一书中所说："我们面前存在着一个有感觉的动物，它不可能把它的任何生动的感受禁闭在自身之中；即使不具有任何意志和目的，它从一开始就必须把每一种感受用声音表达出来"（赫尔德，2014：6），这就与形状声音相分离的汉语注定走上不同的发展道路。

以英语为代表的拼音文字，在"音"与"义"之间，一直保持着约定俗成的规定关系。更为准确地说，是主客关系二元化的结果，也就形成了"语言"与"意义"保持一种远距离的相互作用。主客体之间的对立使得主体感到悬虚在外，必须自己掌握自己的命运，这就产生了理性，理性要求克制自己来固定对象，通过很大努力来达到对整体的认知和把握。理性要找寻客体世界，对客体世界加以执着、细致地追求、掌握和认识，把客体固定起来独立于主体之外，撇开不重要的对象，不断找寻事物更新、更真实的组合。因此，拼音文字旨在对意义的重新界定，不断发明新的名词从而重新界定外在世界。通过固定不变的指谓，每个意义必须加以固定而不能积聚，根据固定规则对外在事物进行重新界定、重新系统化，不断把意义命题化、标准化，避免谬误的产生（张岱年，1991）。亚里士多德（Aristotle）著名的三段论至今仍是普通逻辑学的主要内容。这种推理论证方法的一个重要特点就是采用定性的分析方法，每一个概念都被赋予一个明确的定义（徐通锵，2008：184–185）。在西方名学上称之为"定者"，"定者"与"定之者"之间能画一个等号。例如，三角形等于平面上由三条边围起来的图形。西方名学上的分类因为基于同一律，所以必须为"二分"，即"甲"与"非甲"。但是，"甲"与"乙"的分类并不是"二分"，因为甲乙之外可能会有丙。所以，分类的规则务必穷"尽"（exclusiveness），最后以定义的形式固定下来（张东荪，2011）。

此外，现代西方哲学世界中盛行的分析哲学的主要特点是通过对语言的分析来解决哲学问题。"分析"是指对语言的表意方式和确证方式进行逻辑分析，是对传统形而上学的否定。根据分析哲学的理论，逻辑与数学来自语句的意义而非心理活动，弄清"意义"的独特身份就显得尤为重要。将语言表达式的意义与其所指及谈话者心中的观念区分开来是早期分析哲学研究的重要内容。分析哲学代表人物弗里德里希·路德维希·戈特洛布·弗雷格（Friedrich Ludwig Gottlob Frege）认为，"有意义"是"有语言"和"有逻辑"的前提，形不成语言的逻辑就只是三段论那样的残断推演形式，无法说明数学的基础（张祥龙，2006：129）。诠释学则把语言作为显露或掩盖本体真实的重要框架，只有掌握语言才能掌握世界。正如创建普遍阐释学理论的德国学者弗里德里希·丹尼尔·恩斯特·施莱尔马赫

（Friedrich Daniel Ernst Schleiermacher）所言："诠释学中唯一的先决条件就是语言，其余需要去发现的一切，包括其他主观和客观的先决条件，都必须在语言中发现"（Schleiermacher，1977：50）。不难发现，西方世界对语言的认识与其主客二分的思维特征有着紧密的联系。语言表述和意义之间无可避免地存在一定的鸿沟。仔细的思考和准确的分析是获得对语言表达正确理解的必由之路。

当对语言与思维的关系有了深入的了解，我们会发现通过洞悉语言的差异，能够揭示出的是汉英思维模式的不同。那么，对翻译的理解就不能囿于它只是一种基于跨文化背景的双语转换活动。通常意义上的翻译实际上是罗曼·雅各布森（Roman Jakobson）所说的"语际翻译"（inter-lingual translation），法国当代思想家皮埃尔·布尔迪厄（Pierre Bourdieu）将"语际翻译"形象地表述为"文本流通"。因为"原本"与"译本"分属于两种不同的语言，翻译自然成为"文本流通"的基本手段。在"文本流通"中，作为语词构成物的"文本"实现跨境交流的重要前提是必须将它依托的语言转换成另外一种语言。由此产生的问题是："文本"在经过语码转换后，是否还可以保持其作为语词结构物的同一性。这种同一性在传统翻译理论看来，就是要让"译文"能够完美地替换"原文"。而要实现这一理想，不仅需要在两种文本之间建立一种从语词到语词、语句到语句、章法到章法的严格对应关系，而且需要建立从作者到读者、原本意义到译本意义乃至原本的阅读想象到译本的阅读想象之间的严格对应关系。

但是，在翻译实践中，要找到这些对应关系并非易事。因为译者在跨越语言藩篱的同时，还需要克服语言背后文化背景差异所产生的诸多鸿沟。其中，最为突出的问题是文化的积累、传承以及变迁使得语言既成为文化载体，又成为该语言社团思维的工具和文化思想的外在显现。语言的差异从本质上反映的是思维活动方式的差异与认知取向的差异，这些与该语言社团的文化心理特征，以及文化心理制约因素息息相关。因此，翻译之难往往来自原语与目的语背后思维背景的迥异。

从更深层的意义上说，翻译是不同思维模式交互、调整和转化的过程。在这一过程中，离不开译者"创造性"地重组原文。翻译家玛格丽特·佩登（Margaret Peden）曾指出，翻译是一项"破旧立新"的"重建事业"，而译者扮演着"建筑师"的角色，其职责在于把原文的外形结构拆解后，再按译语的表达习惯建构起译文（Peden，1989：13）。这一"破旧立新"的"重建事业"过程要求译者能够自觉地认识到原语与目的语表达中思维模式的特点及差异，消除不同思维模式之间的冲突在语言理解和运用上产生的思想障碍。这中间包括两个方面：一是思维形式和思维方法的统一，任何思维活动总是以一定形式并采用一定方法进行的；二是概念框架和思维程序的统一，因为任何思维活动过程总是对已有的观点、理论、知识的有目的、有秩序地使用，并按一定程序连接组合起来进行操作的。最终在翻译中实现"文本对应"，而非"形式对应"。后者指的是译文与原文的基本语法范畴、从属语法范畴，以及功能语法范畴方面的对应关系。而"文本翻译"强调文本具有一种独特的叙述格局，关注能够体现文本、文本主题、结构、结构要素、类别以及其他任何可能的形式及构成的总体网络关系（total network of relations）（卡特福德，1991：18），具体体现在超越译"义"，达到译"味"的水准。

基于此，当我们去反思译文的评价标准，不难发现，如果将"真"与"假"视为评价标准，可能没有特别大的意义，因为不同语言概念系统中"同义性"之间是存在差异的，很难做到译文与原文的绝对"同一性"。作为一种模仿性活动，翻译最终呈现的是译文"像"与"不像"原文，这一点在中国古人对"翻译"的理解方面早有充分的体现。在先秦时代，"象"（现代汉语中的"像"）表示"翻译"（在中国古代思想文化中，"象"的含义并非只有"翻译"一义，在本书第2章会有论述）。在《礼记·王制》中有："南方曰象……北方曰译。"因为这个缘故，先秦文献中常用"象译"表达"翻译"，以"象"作为翻译的方位名词，一方面体现中国古人以模仿性的象形方式来生成"符号"概念的语义发生学过程，另一方面也衍生出对任何模仿性活动的判断标准。而颜师古《汉书注》中有："译谓传言也。道路绝远，风俗殊隔，故累译而后乃通。"可见，"象"表示各民族的交通，"译"的标准在于"通达"。而"像"与"不像"取决于是否在目标语中能够找到传递原文内容的表达，这不能依靠词典式的翻译，而是需要揭示原语与目的语各自所体现的共同经验和社会文化渊源，发现原语与目的语所隐藏的"深层结构"，即从思维层面揭示和描述原语和目的语共有的，亦是对应的思维结构，这才是实现译文"通达"的关键。

1.3 汉英互译中思维模式调适研究的主要方法

一直以来，与汉英互译中思维模式调适有关的研究涉及语言学、翻译学、哲学、认知科学等多个学科。单纯强调哲学思辨很难直接呈现汉英互译中的具体问题；语言学和认知科学的研究方法虽然能够显现汉英互译中的具体问题，但较难对这些问题对应的思维活动特征进行深入的诠释；翻译学研究侧重思维活动的符号表达效果和能力，但很难深入揭示语言符号系统内部的变化规律及其根源。因此，采用跨学科的研究方法才是比较合理的研究路径。本节将以不同学科的视角和方法，探讨汉英互译中思维模式调适的研究路径及其理论基础。

1.3.1 认知翻译学的视角和方法

认知翻译学的功能是借助认知科学的理论原则将两种语言进行对比研究，发现两者的差异性和相似性，揭示双语转换背后的认知机制。认知翻译学关涉翻译过程中的各种认知要素，包括译者的知识结构、认知框架特征、认知能力、翻译能力等。而这些要素都与思维紧密相关，如林语堂先生所言："翻译上的问题，仍不外乎译者的心理与所译文字的两样关系"，这里的心理就是指译者的思维活动（邱文生，2010：80）。从更深层的意义上说，认知翻译学关注译文"生成"过程中，语言与意义之间的构成关系，揭示译者如何解读并再现原文的思维过程及模式。它从根本上聚焦的是柏拉图（Plato）所追寻的"前语言"的"生成"特征。柏拉图把这一特征称为"semeion"，即可辨的印记、迹象、征兆、见证、刻写符号、烙印、图像等。实际上，"semeion"与弗洛伊德（Freud）精神分析法中的"痕迹"、冲动的分布组构、移动中并聚集的"原始过程"不谋而合（茱莉亚·克里斯蒂娃，2016：23），都是在强调多种不同能量在未来主体的体内流动，处在主体形成的过程中；它们的组构取决于家庭与社会给这个身体带来的种种限制——此时身体融于符号的形成过程，这一过程时刻酝酿着能量的负载，雕刻着"认知"的印记。

研究翻译中的思维模式问题就是要去探究在译文生成之前的"前语

言"阶段,一个既在运动中又被制约着的未经语言表达的暂时性构成,具有非连续性,从而形成暂时的分布链接,并不断地重新开始的阶段,影响翻译认知过程的因素,以及其作用机制如何以一种相对固定的模式作用于译文生成的过程中。在柏拉图看来,"生成"包括"符号生成"和"象征生成",这两种生成在语言的意指作用中缺一不可。前者的构成元素是各种感觉、情感、冲动,这些元素虽然属于弗洛伊德所说的无意识空间,但是对语言最终的形成有着显著的影响。后者包括判断与命题,属于意义领域,也是立场领域(茱莉亚·克里斯蒂娃,2016)。"立场性"在意义生成过程中是一个分界点,它的标志是主体的确立,以及随之产生的言说对象确立。"符号生成"和"象征生成"共同作用于翻译的认知机制中。

因此,认知翻译学理论的出现从根本上反映了翻译研究从翻译结果到翻译过程的认知转向,是对翻译本质的一种探索,更是从文字转换的背后探寻解释何以可能发生,以及如何能够跨越文字障碍、实现跨语际的理解。认知翻译学将翻译视为一种认知行为和过程,将译者在翻译活动中的认知状况作为主要的研究对象,探究译者如何调动自身的认知能动性,把作者在文本中建构的生活世界映射到另外一种语言文化中。根据认知翻译学的观点,翻译并不是译者通过联想和记忆去释放原文内在固有的意义,而是原文的意义在翻译过程中被完成。所以,对翻译的理解不能局限于遵守约定俗成的语法法则的过程,因为对语法法则的遵守只有在运用它的载体语词时,也就是维特根斯坦(Wittgenstein)所说的"游戏"中,才能参与意义的建构,语法法则才能发挥其应有的功效。

在翻译实践中,认知翻译学关注的焦点是,原语与目的语各自包含的范畴原型及其差异,因为这是造成诸多翻译问题的主要原因之一(刘华文,2005:49)。"范畴"观念最早源于亚里士多德的"十范畴说"。亚里士多德认为世界由实体构成,而"对实体性质和关系所做的谓词陈述就是范畴"(亚里士多德,2011:33–43),换言之,范畴与某事物有所言说的行为相关。在现象学里,"范畴"指的是那种把某个对象加以联结、把句法引入我们体验中的意向活动(罗伯特·索科拉夫斯基,2009:87)。随着涉身认知理论的兴起,以乔治·莱考夫(George Lakoff)为代表的学者提出,"范畴是生物体内部基因遗传所获得的组成部分,是其在物理和社会环境中互动的本质"(Lakoff, 1987: xi–xvii)。可见，不管是亚里士多德经典的范畴论，还是新兴的现象学思潮，亦是基于涉身认知的新范畴理论，都强调"范畴"是非个体的，它是该语言社团建构和理解意义的认知基础，关注经验与在场事物之间的关系，这种关系决定了思维以何种方式和标准判断在场事物。因此，对范畴理解的不同，体现了不同语言社团意义建构的思维模式差异。具体表现在语言中蕴含的思维模式体现了思维以何种方式对客观事物进行比较、分析、综合和概括，它运用概念、规律等形式将隐藏在事物中内在的、本质的、共性的、必然的属性范畴化（张恩宏，1987：5）。不同语言文化都基于对范畴原型的体验，而这种体验与一个民族的人文精神以及对外部世界的理解和诠释息息相关（包通法，2015：93），不同的社会文化体验在认识外部世界时形成具有各自文化特征的思维模式。因此，在翻译过程中，基于原语与目的语的思维模式之间的差异存在矛盾冲突是必然的，由于原语"先有"的文化的思维模式，译文中难免存在解释学意义上的"偏见"，即译者预先形成的认知判断。这就意味着，在翻译实践中，译者不可避免地面临这样的一种处境：在面对两种竞争范式时，简单的意义对抗的硬性范式，很难实现两种范式所指和真值的完全一致。取而代之的是，翻译认知应该具备一种能够在两种竞争范式摩擦中，依靠自身的智慧和交流能力，消融对抗与摩擦的柔性范式的特征。更为具体地说，翻译不仅是一种跨语言的行为，也是一种跨文化的行为，译者所扮演的角色是异质文化的调节者，主要任务是消解原文与译文交互过程中产生的疑惑与不信任；与此同时，将原文中丰富的意义，即克里福德·吉尔兹（Clifford Geertz）所说的具有"文化特质的地方性知识"在译文中澄清（克里福德·吉尔兹，2000）。而要做到这一点，译者不能采用简单的"建构—解构"的翻译操作，而是要将自我置身于原文所在的文化关系之中的同时，尊重译文所处文化的种种契约，把原文作为一个整体来接受，让原文从属于它自身的任务，不将它引入其他意指，将隐匿于原文字里行间的内在经验借助于译文的话语意向性展示它的"可分享的独特性"。

实际上，从威拉德·冯·奥曼·奎因（Willard Van Orman Quine）的"翻译的不确定性"到托马斯·萨缪尔·库恩的"不可公度性"，逐渐形成一种相对主义的导向,即语言自身难以彻底由单纯经验来确定其结构,而且该结构拥有不可还原为其他语言结构的独特性。因此,对原语的翻译仅当具有一个可赖以描绘其与目标语的共同坐标时,译文才能实现"图式"与"意义"的统一,而这一共同坐标建构的基础是要去探究原语和目的语背后的认知机制,揭示原语和目的语中思维模式的差异,发现两者的对应关系,在不可公度之处,避免单纯追求同一性的翻译,通过解读与解释,让范式间的交流或与之相关的思想文化渊源的考察得以实现。这不仅能够解释翻译过程中母语思维模式迁移的特征,而且能够调和原语和目的语背后思维模式差异引发的冲突。

1.3.2 哲学诠释学的研究方法

哲学诠释学的研究方法用来探究汉英互译中的思维背景因素,具体分析母语思维中包含的"前结构"如何作用于目的语的理解与使用;同时,利用哲学诠释学中的视域融合理论探讨如何依据事物本身来修正思维的"前结构"和先入为主之见,进而通过汉英思维模式调适的路径,获得对原文准确的理解,实现精准的表达。因为在翻译实践中,翻译行为体现了译者解构与重构的思维模式(王军,2001:57)。根据哲学诠释学的观点,译者思维的解构与重构的过程是基于母语的思维前结构和与其不相符的现实打交道的过程。如汉斯 – 格奥尔格·伽达默尔(Hans-Georg Gadamer)所言:"翻译过程包含了人类理解世界和社会交往的全部秘密。翻译是隐含的预期、从整体上预先把握意义以及如此被预先把握之物的明白确立这三者的不可分的统一"(严平,2003:182)。他提出"理解的历史性""视域融合""效果历史"等具体的文本理解原则(朱湘军,2012:1)。这就要求译者不仅要具备充足的语言知识,而且应该掌握非语言因素以及相关背景知识。同时,以专业知识、经验与阅历作为基础,从本质上把握原语言行为发生的规律。在这一过程中,译者的思维会在自身原有的知识结构与原作中的语言、结构、文化背景的冲突和矛盾中,暴露自身概念系统的自我分裂,使原文所要呈现的意义处于推迟或缺席的状态。然而,思维的动态特征使得译者在对原文理解的过程中,现有的视域与原有的视域会不断地融合,在更为广阔的视域中完成对原文所在的文化历史的理解。汉斯 – 格奥尔格·伽达默尔认为，一种语言学到极致，便不存在语言之间的转换，而是直接用该种语言思考（Gadamer，1989：385）。

解构主义代表人物之一的劳伦斯·韦努蒂（Lawrence Venuti）认为，"翻译是译者依靠自己的理解，将构成原作文本的能指链用目标语能指链代替的过程，翻译是译者对已有语言和文化的借用"（朱湘军，2012：172）。忠实于原文的翻译只是相对而言，因为历史总是处于变化之中，译文的忠实性是由历史决定的。翻译不可能磨灭语言文化造成的差异，译文必然会烙下原文背后思想文化的痕迹，这是一种同化的过程，旨在使译文符合目的语的规范、禁忌、伦理道德和意识形态。而原语和目的语所包含的思想文化差异性不仅会带来某种意义上的"误译"，基于原语与目的语在思想文化方面的差异及其引发的冲突，还会带来新的意义或思想，当然也有可能产生意义或思想的扭曲与缺损。但是，不管是新的思想，还是意义的扭曲与缺损，都会在很大程度上决定译文中意义的发展方向。李河在《巴别塔的重建与解构——解释学视野中的翻译问题》一书中，就以马丁·海德格尔（Martin Heidegger）对古希腊哲学中一些"基本语词"，如以"physis"的翻译研究为例，提出"哲学概念在其'语际翻译'中十分容易被'误解'，而'误解'的结果可能会带来思想史的发展方向"（李河，2005：55）。

在这一过程中，作为翻译的主体，译者发挥着决定性的作用，译者对权力的使用既会受到原语思维模式的牵制，又会受到来自目的语思维的抵制，同时又无法摆脱对原文征服欲望的控制。正如弗里德里希·威廉·尼采（Friedrich Wilhelm Nietzsche）所言，"译者个人意识形态及其所处的社会文化语境下各种权力争斗的产物，是一种将意义从原文中强行剥离出来，再冠以本国语言形式的改写过程"（单继刚，2005：55）。正是对权力的追求才驱动着译者总是渴望发出与前人（过往译文）不同的"声音"，摒弃对等与复制，走向对原文新的解读。弗里德里希·威廉·尼采说："权力意志是一切变化的终极原因和特性"（尼采，2000：82）。作为一种权力的较量，翻译中既包括原作企图维持原初的、支配的、主导的权力，也包括译者始终想要发挥其能动的、次要的、征服的权力，就是这种"力"的较量决定了翻译的趋势、方向、形式和策略。玛利亚·提莫志克（Maria

Tymoczko)和埃德温·根茨勒(Edwin Gentlzer)曾指出:"翻译策略都与权力压迫或权力反抗息息相关,翻译策略就是权力策略"(Tymoczko & Gentlzer, 2002:125)。在权力的较量过程中,意义作为翻译的结果,在其最终以语言即译文的形式呈现之前,始终保持其不确定性。

简言之,思维作为"一种用特殊的方式组织起来的物质的特性"(高名凯,2011:81),决定了译者以何种方式运用概念和逻辑规则去组织判断或推理,最终实现对原作的某种理解。而翻译就是译者跳出自身思维模式的窠臼,不断地了解和融入基于一种完全不同的世界观的思维模式中,以促进不同文化的交往与调和为目标。这也是汉英互译中思维模式调适研究的伦理意义所在。

1.3.3 中西思想文化比较的研究方法

中西思想文化比较的研究方法是通过系统讨论思维模式形成和发展的脉络,揭示汉英思维模式差异产生的思想文化根源,透视中西思维的结构性、差异性、互补性之间所呈现出来的动态张力;同时,探析汉英互译中由思维模式差异引发的冲突以及造成的影响,并尝试发现汉英思维模式的一些契合点。例如,中国人重实践,西方人重推理;中国重直觉,西方重逻辑。基于亚里士多德逻辑理论建构起来的印欧系语法体系形成了主语、谓语之类的概念以及它们之间相互关系的理论。而中国人的思维模式不是推理式的演绎论证。约翰·哥特弗雷德·赫尔德认为:"东方语言的整个结构证明,它们的抽象形式最初无一不是感性的东西……更一般的概念是后来经由抽象、智趣、幻象、比拟、类推等途径构成的,而在语言最深的内里根本不存在任何一般概念或抽象"(赫尔德,2014:6)。虽然约翰·哥特弗雷德·赫尔德的观点明显未能准确解释汉语表达最深层的思维特征,但在一定程度上揭示了汉语表达通常采用直觉性的比喻例证,借以事物间的横向比喻来解决"取象"和"尽意"两个问题的思维特征。

然而,这并不意味着中国传统思维中没有逻辑推理和分析,只是缺少西方逻辑思维中严苛的推理论证和条理清晰的分析,很多命题缺乏前提和假设,留存大量的解释空间。事实上,中国传统的思维逻辑体现的是"有机体"的特征,即在"关系"网络中深入认识事物之间矛盾,在这一过程中，情感与理性共同发挥作用，以圆融的方式协调事物之间的矛盾，保持"关系"网络的长久稳定，同时获得对事物本质特征的认识。理查德·尼斯贝特（Richard Nisbett）认为，中国人独特的推理方式遵循三个原则，即变化原则、对立原则、关系原则（或称统一原则）。这三个原则是彼此联系的，即变化产生矛盾，矛盾引起变化；不停的变化和矛盾告诉我们不考虑其他部分关系，只考虑某一个独立的部分或者前状态是没有意义的（Nisbett, 2004：175-176）。对于许多西方人而言，这些观念看起来是合理且熟悉的。黑格尔（Hegel）和卡尔·马克思（Karl Marx）的辩证法强调对立统一，认为矛盾是推动事物发展的动力，而以中国古代思想为代表的东方辩证观则是在接受这种矛盾性的基础上，力图超越这种矛盾性，最终实现对事物本身的整体理解。

虽然汉英思维模式背后的思想文化渊源存在明显的差异，但是它们之间也不乏可贯通之处。例如，中国古代延续下来的重视实际的思维原则使得中国人通常不会脱离现实，不会离开实际对象去探讨一般性的方法，这种重视考量方法与客观对象或条件之间的适应性或适用性的方法，就是中国古代"宜思维"的思维特征。"宜思维"认为一切它所观察、思考并且需要解决的事物都是有具体规定性的，而对具体规定性的认识是客观现实性与多样性、变化性认识的整合形态。这与西方传统的逻辑思维模式由反思而获得对事物规律性的认识并不相矛盾。前者是自然发展起来的对事物逐渐认识、分析、把握，最终实现对事物本质或规律的一种自觉的衍生性思维，中间没有明显的反思痕迹；而后者是在反复地、自觉地反思中对事物进行不断地推导，最终提炼出该事物的原则或规律等（吾淳，1998）。也就是说，"宜思维"与西方传统逻辑思维的发展路径虽不同，但最终都能够实现对事物本质或者规律的统握。

实际上，早在20世纪20—30年代，一直被传统西方哲学排斥在外的人的体验所揭示的活生生的关系境域被视为知识和艺术之根，这种对个体独特性、生命、本能关注的认知转变不仅有力地冲击了传统的形而上学，而且也使得西方思维重新认识中国传统文化及其思想成为可能。马丁·布伯（Martin Buber）在翻译庄子《言论和寓言选集》时说："道根本不打算阐释世界，存在的全部意义就在真实生命的统一之中"（夏瑞春，

1997：201）。因此，"道"就是原始的"未分状态"。按照他对庄子的解释，"只有未与世界分离的人才能认识世界。认识不存在于对立之中，不存在于主体与客体的辩证关系中。它只存在于万物的统一之中，统一就是认识"（夏瑞春，1997：208）。马丁·布伯这种直接、统一并且达到原发真理的见地来自其对话主义的哲学理论。马丁·布伯的对话主义哲学主张用主体间的关系取代主客关系，用交互原则取代主从原则，用直接关系取代间接关系。简言之，用主体间的"关系论"思想取代主客之间的"实体论"思想，这些都与中国古代哲学思想遥相呼应。而此时的现象世界也不再是黑格尔"透过现象看本质"中的主客二分逻辑分析的产物，而是直接洞察事物本质的思维过程，这一过程与人参与的"游戏"或构造方式内在相关。如现象学之父埃德蒙德·胡塞尔（Edmund Husserl）所说，主体性并非与客观性对立。任何客观性，任何忽略经验和认识主体的所谓客观，包括科学家认为的客观成就，其实都是人的"生命的构造"，而非绝对客观。现象学另一代表人物马丁·海德格尔在研究弗里德里希·荷尔德林（Friedrich Hölderlin）的《人，诗意地栖居》一诗时表达了人栖居在大地与天空之间，而与大地天空一体贯通的思想，即把天、地、人"贯通"一体看作人之为人的根本，显示出马丁·海德格尔力图超越西方形而上学传统而与中国道家"天地与我并生，而万物与我为一"思想碰头的新思想（王树人，2005：182）。

总之，汉英思维模式的差异与中西文化的不同有着紧密的关系，汉英思维模式承载着深厚的文化渊源。汉英思维模式各自包含的中西文化精神，诸如"崇德利用""契约精神""尚礼""尚力"等，早已深深烙印在分别以汉英语言为母语者的思维结构之中，成为引导其各自思维模式运作的强大力量。从中西思想文化比较的角度切入，特别是针对汉英思维特征的文化背景的研究，能够为汉英互译中思维模式调适研究提供坚实的理论支撑和方法指导。

1.3.4 认知神经科学领域的研究方法

近些年，认知神经科学借助脑成像技术实现了对特定大脑活动的皮层区域进行准确、可靠定位，且能够实时跟踪信号的变化，追踪几秒内发生的思维活动，反映大脑对语言在线加工的认知过程以及这种认知过程背后的神经机制，为语言与思维的研究提供了更为直观的研究途径。对双语脑词汇表征系统的研究多是聚焦概念和单词是否存在于双语脑的不同记忆位置，母语和二语的词汇系统是不是彼此独立的、是否存在某种"语码转换机制"以及双语者使用一种语言时是否必须关闭另一种语言等问题。其中，认知神经科学领域的代表人物朱迪思·克罗尔（Judith Kroll）和爱德华·斯图尔特（Edward Stewart）认为，概念表征系统是基于母语建立起来的，双语转换过程中，首先是概念表征系统进行调节，然后才与词汇系统发生关联，因此，双语脑中的概念系统具有可调节性（Kroll & Stewart, 1994：149-174）。事实上，语码转换现象并非简单的语言符号转换，语码本身作为现实的编码体系，通过声音或者文字与现实结合起来，在这一结合过程中会受到现实的影响，或者说"码"的形成就是现实规则的成功投射，形成较为固定的语言结构、语法规则等。语言结构、语法规则不同意味着接受现实投射的方式必然有所差异。而语码的使用过程，即语言的交流，就是复原和揭示现实的投射规则（徐通锵，2007）。因此，语码转换的是不同的现实投射规则，转换不同认识现实的路径和方法，这一过程必然有思维模式的运作参与其中。

此外，认知神经科学领域还针对汉英语言转换过程中思维模式的变化展开了一系列研究。例如，利用脑神经实验研究汉英母语者在表征事件变化发展的时间顺序特征以及其对母语和二语加工的影响，研究结果显示汉语本族语者和英语本族语者在加工母语和二语时都无法摆脱习惯性思维的影响（杨文星，2006）。近几年，随着隐喻理论的盛行，认知神经科学领域的学者借助脑成像实验研究隐喻认知的神经机制，其研究结果显示隐喻的加工过程涉及大脑左半球语言区，以及大脑中的各个认知模块。换言之，左右脑共同参与隐喻的加工过程（王小璐，2007）。同时，有学者指出，虽然汉语隐喻加工规律与西方语言隐喻加工的脑机制都表现出全脑加工的特征，但是，大脑在汉语隐喻加工时表现出明显的特异性；西方语言隐喻意义的加工需要借助母语隐喻意义加工的通道，但其具有一些特殊的机制，这一研究结果对汉英语义共同表征论提出质疑（陈宏俊，2011）。

21世纪初，阿黛尔·戴蒙（Adele Diamond）提出有必要假定一种调整双语者或多语者激活程度的控制机制，以及影响这一过程的神经机制。认知控制过程有助于调节人们的行动以适应不断变化的环境，并且改变环境以适应当前需求（Diamond，2002）。托马斯·古沙（Tomás Goucha）（2015）的研究发现不同语言表达过程中，大脑兴奋区域呈现出明显的差异性，不同语言表达与大脑的连通方式亦存在差异性，这意味着不同语言对大脑的需求不同。换言之，语言的特殊需求决定了与其相关的大脑区域的连接路径。这在一定程度上证明了语言会影响人脑的建构，而作为大脑的功能之一，思维也必然受到语言的影响。由此推论，双语脑和多语脑极有可能呈现出不同的思维路径。安吉拉·弗里德里齐（Angela Friederici）等提出，大脑的语言机能能够产生大量层级化和结构化的表达，其本身包含高度自治的认知机制，在使用不同语言时，会采用相应的语言表达模式（Friederici & Chomsky，2017）。这些研究在一定程度上为汉英互译中思维模式的调适提供了科学的方法与依据。

1.4　本章小结

关于汉英互译中思维模式的研究，近年来已有许多相关的文章与著作。应当指出的是，在中国文化"走出去"的战略背景下，汉英互译中思维模式调适研究，有两点必须明确：其一，汉英思维模式都是在不断发展变化的，绝不是封闭的、超稳定性的。因此，汉英思维模式的研究应采取分析的态度，承认不同思维模式的优势与不足，不宜持全面肯定或者否定的态度。其二，汉英互译中思维模式调适研究的目的在于通过语言与思维的互通，实现中国与其他国家在政治、经济、外交等各个领域的互联互通。同时，消除由于思维模式差异造成的中国与其他国家在交流过程中的阻碍因素，提升中国对其他语言文化认知力、包容力和化解矛盾问题的能力，促进中国与其他国家的文明互鉴，以及在人文各个领域的交流与合作。

第2章

汉英互译中思维模式差异的基本特征

为了准确理解汉英互译中思维模式的差异，需要比较和分析蕴含其中的中西哲学范畴，具体包括：关系与实体、取象与抽象、直观与逻辑、意会与建构、变通与规定。这五对哲学范畴分别对应汉英互译中思维模式差异的不同方面。这五对哲学范畴相互联系，关系紧密，彼此之间存在着从本体论到认识论再到方法论的内在逻辑线索。由此，从这五对哲学范畴对汉英思维模式的差异进行研究，基本可以形成对汉英思维模式差异的一般性认识。

需要说明的是，这五对哲学范畴的对立并不直接对应于汉语和英语的差别，因为所有这些范畴在汉语和英语中都存在，只是侧重点不同，由此形成不同的思维类型。本章将对汉英互译中思维模式差异进行讨论，重点研究在汉英语言表达中发挥主导作用的哲学范畴的具体作用及影响。

2.1 关系优先与实体优先

中国传统思维模式的典型特征是在关系范畴作用下，在整体中把握事物之间的联系，通过内在规定性设定事物之间的界限和职能，以保证所构建的体系在动态稳定中持续发展。汉语语句结构以"关系—意境"为主要功能，具有整体性、辩证性以及内在规定性等特征。因此，关系范畴在中国人的思维模式中占据优先的位置。与中国传统思维模式不同的是，西方传统思维模式始终在主客二分的前提下，对具体事物做出逻辑分析与判断，通过建构起具有不同功能特征的语句揭示实体在不同情况下的属性，实体优先的特征在西方思维模式中显而易见。因此，在讨论汉英思维模式差异时，首先需要对"关系"与"实体"两大范畴进行比较与分析。

2.1.1 作为哲学范畴的关系与实体

"关系"是由日语转译过来的词汇，对应英语中的"relationship"或"connection"（刘正琰等，1984：126）。在中国古代哲学中，"关系"是非常重要的一个范畴，有着不同的显现形式。其中，《春秋榖梁传·庄公三年》中的"独阴不生，独阳不生，独天不生，三合然后生"，《系辞下传》中的"古者包牺氏之王天下也，仰则观象于天，俯则观法于地，观鸟兽之文与地之宜，近取诸身，远取诸物，于是始作八卦，以通神明之德，以类万物之情"，都是强调事物之间辩证统一的关系。道家讲的"察其所以"，《吕氏春秋》中记载的"凡物之然也，必有故。而不知其故，虽当，与不知同，其卒必困""水出于山而走于海，水非恶山而欲海也，高下使之然也"，是说明一个事物作为另一事物存在的先决条件，反映的是一种非机械性的因果关系（李约瑟，1990：62）。《黄帝内经》中记载的"心，其主肾也；肺，其主心也；肝，其主肺也；肾，其主脾也"，"故主明则下安，以此养生则寿，殁世不殆，以为天下则大昌。主不明则十二官危，使道闭塞而不通，形乃大伤，以此养生则殃"，则体现了多个事物之间或事物内部各部分之间互为依存的关系。关系范畴表现形式虽然各异，但都体现了事物之间的相互作用、相互影响、相互渗透，并最终显现为事物之间的"联系"，因此，关系范畴具有功能属性。

关系范畴集中体现在我国古人所崇尚的阴阳五行学说中。宇宙间凡是可用阴阳五行加以安排的事物都以象征的方式相互联系，构成一个体系，在这个体系中，各个组成部分之间不是进行归类形成从属关系，而是在相互协调中形成并列关系，并以特定的方式运行，而这种特定的方式就是使其成为其所示的内在秩序或者说内在规定性。该学说影响中国古代社会生活的各个方面。例如，中国古代封建社会的"三纲""五常"，即君臣、父子、夫妇、朋友之间的道德关系和行为准则，超出或者不履行"三纲""五常"，就会被认为是犯上作乱，也就失去了在整个社会体系中相应的关系地位。可见，在关系范畴中，事物是依赖整体而存在的，它必须不断调和与其他相关事物的关系，才能保证自身的存在和发展。

简言之，关系范畴就是在整体中把握事物之间的联系，通过内在规定性设定事物之间的界限和职能，以保证所构建的体系在动态稳定中持续发展，体现了中国古代哲学重协调的思维倾向，具有整体性、辩证性以及内在规定性等特征。

实体在希腊文中用"ousia"表示，也可以译成"本质"。早在柏拉图时代，就被用来指原型、实存之物。到亚里士多德那里，"ousia"表示"这一物"(tode ti)。其中，"这"被用来指称事物时，是一种直接的亲身经历，因而，"这一物"是前反思的、摆在面前的感性存在物（颜一，2002：71-78），也就是个别事物，即第一实体。亚里士多德的"ousia"另外一层含义为"是其所是"（to ti en einai），也就是个别事物所属的种或者属，即第二实体。而第一实体是"其他一切东西的基础"（北京大学外国哲学史教研室，1982：311）。亚里士多德实体学说的提出与古希腊及其周边地区的商贸活动非常发达紧密相关，那时的贸易活动主要涉及实物和货币交易，个人成为经济活动中的独立实体，语言符号、逻辑和数学成为交易的主要思维工具，符号和逻辑决定了对物质世界各种实体的认识（王前，2005：71）。因此，实体在传统西方哲学中具有对象性和逻辑上的先在性特征。

到了公元前5世纪，波埃修（Boethius）将"实体"的希腊文"ousia"转译成拉丁文的"substa-ntia"，后变成英文"substance"（但昭明，2015：21），意为"在下面起支撑作用的承载者"，它表示不管事物如何变化，在事物背后永恒不变的本质（Blackburn，2016：463）。值得注意的是，从希腊文"ousia"转译到英文"substance"，"ousia"原本的意思已经被极大地削弱，也就是作为"其他一切东西的基础"的第一实体被弱化。巴鲁赫·斯宾诺莎（Baruch de Spinoza）把实体定义为"在自身内并通过自身而被认识的东西"（斯宾诺莎，1983：3）。约翰·洛克（John Locke）则更为明确地指出："我们不能想象这些简单的观念怎样会自己存在，我们便惯于假设一种基层，作为它们存在的归属，作为它们产生的源泉，这种东西，我们就叫作实体"（洛克，1959：286）。第一实体含义的削弱在很大程度上与"ousia"在转译过程中原意的损耗有着重要的干系，西方"主—谓"式的言说方式决定了其必须对言说对象做出超越其本身的逻辑判断，即将具体的言说对象归为其对应的属或种。永恒不变的属或者种与千变万化的个体比较起来，更稳定，更可靠。因此，到了近代，亚里士多德所说的第二实体被视为真正意义上的实体（颜一，2002：73）。

从古希腊哲学到近代西方哲学，实体范畴虽然发生了微妙的转变，但是无论如何变化，实体范畴始终在主客二分的前提下，对具体事物做出逻辑分析与判断。因此，它不可避免地具有对象性、精确性及规定性的特征。这种规定性的特征不同于关系范畴的规定性，前者具有超越事物本身的外在规定性，而后者具有来自事物本身的内在规定性。

2.1.2 汉英语句结构上的关系优先与实体优先

1. 汉语语句结构关系优先的特征分析

汉语语句结构中关系优先常常表现为对象性不明显，具体体现在：首先，汉语语句结构中主语与谓语的分别极不分明，亦可以说好像就没有这种分别（张东荪，2011）。汉语语句结构中存在大量的"空主语"现象。所谓"空主语"，一般指动词的结构特性所联系的名词，主语位置是确定存在的，而在该特定位置上没有出现"名词成分"（陆俭明、沈阳，2016：154）。例如，人们见面时常说的"吃了吗？""欢迎光临"；古语中亦有"学而时习之，不亦说乎"。"人"虽然在关系范畴中必不可少，但是在中国传统语言文化环境中，并未被特意地突显出来，或者说，主体"人"完全融于主客一体的情境中。因此，不管是"人"，还是"天地与我并生，而万物与我为一"，都是将"人"置于整体的境界当中去体悟周遭的世界，言说的对象消融在整体的语境当中。汉语语句结构对象性不明显的特征与中国古人"混而为一"的世界观相一致。"混而为一"中的"一"与"道生一"中的"一"含义相同，都是指万物处于没有分化的"混沌"状态。老子讲的"其上不徼，其下不昧"中的"不徼"和"不昧"以及《易经》之"太极生两仪"之前的状态，都属"混沌"状态。由于"混沌"乃是"无状之物""无物之象"，因此，难以"名"其"状"，并不断地生发出无限的可能性，具有明显的不确定性和动态性（王树人，2005：68）。

换言之，中国传统思想文化并不注重对主体性的讨论，因为对主体性讨论的前提是承认主客二分认识路径的核心地位。但是，在"天人合一"的主流思想作用下,汉语关系思维缺乏主客二分的认识路径。中国传统思想文化中谈论的"世界"不是传统西方哲学所讲的主客二分的客观世界,而是囊括所有的,包括人在内的人之栖息之所。所以,人与世界并未分裂,而是融合,并始终维持着一种紧密的关系。孟子讲"人性乃天之所与",意思是说人禀受天道,人性才有道德的意义,人性之善有天为依据。《庄子·知北游》中有"汝身非汝有也,汝何得有夫道? 舜曰:是天地之委形也;生非汝有,是天地之委和也;性命非汝有,是天地之委顺也;子孙非汝有,是天地之委蜕也"。意思是说,人的一切皆非独立于自然,而为自然之物。庄子更是明确地提出,通过"坐忘""心斋",即一种忘我的经验、意识,取消一切区别,以达到"天地与我并生,而万物与我为一"的天人合一的境界(张世英,2014:9–11)。虽然,中国古代哲学思想也曾偶现主客二分的苗头,例如,在《正蒙·大心篇》中,张载说:"大其心则能体天下之物,物有未体,则心为有外。世人之心,止于见闻之狭。圣人尽性,不以见闻梏其心,其视天下无一物非我,孟子谓尽心则知性知天以此。天大无外,故有外之心不足以合天心。"意思是说,在主体(心)之外尚有现成的客体,这是"以闻见梏其心",即用闻见的知识把主体封闭在自身之内,即"心为有外"。然而,张载又指出:"德行所知,不萌于见闻",就是说"德行所知"高于"见闻所知","天人合一"高于"主客二分"。可见,"天人合一"主导下的思想文化使得认识主体和认识客体浑然一体,认识主体尚未与认识对象分化。因而,中国传统思想文化中鲜有关于"自我是什么"的讨论,而是关注超越自我的超然境界,这就需要超越并忘记万物之间的界限,即道家讲的"弃智",主客二分也就自然难以成为中国传统思想主要的认识路径,更不用提对主体性的认识,进而也就无须在语言上将其突显出来。

此外,就"主"字的含义而言,根据《说文解字》的解释,"主"指"灯中火主也。从〔丄下土〕,象形。从"丶","丶"亦聲。臣鉉等曰:"今俗别作炷,非是之庾切"(许慎,2014:100)。在《说文解字注》中有"执之曰烛,在地曰燎"(段玉裁,1988:214)。"烛"专指手持之"火柱"。古初以人执烛,后易之以灯,今人作"炷"。可见,"主""烛""炷"同出一源。在汉语中,"主"多用来表示"掌管""统治"。例如,《孟子·万章上》中的"使之主事而事治,百姓安之,是民受之也",现代汉语中有"户主""主人"等;也可表示"赞同",例如,《国语·周语》中有"是以不主宽惠,亦不主猛毅,主德义而已"。现代汉语中有"主战""主和"等;亦可表示"最重要的""最基本的",《易经·系辞》中有"君子之枢机,枢机之发,荣辱之主也"。现代汉语中有"主见""主导"等。可见,在中国语言文化背景下,"主"字中包含一种整体性的意味,即在整体中洞见事物的本质特征。

自20世纪70年代,汉语中的"主语"就被认为是"主题""话题",这是在语用学意义上解读"主语"。然而,这些说法本身是文艺学、修辞学的术语,不能说明语法现象(高名凯,2011:269)。沈家煊(2017)认为,将汉语语句结构定义为"话题—说明",是信息排列原理的产物。依据中国古代哲学思想中关于"名"与"实"的讨论,沈家煊(2017:11)提出,作为汉语语句的最小单位,"流水句"以"名实耦"为基本结构,信息排列理论推衍出"名"和"实"之间是"所谓—所以谓"的关系。而"所谓"的对象在汉语语句中常常难以找到,更为准确地说,"所谓"的对象常常无法实现。因为汉语从本质上不是以实现所指对象为目的的语言,汉语表达不喜直接针对对象说话,而是以取象比类或"好像"的方式表达,在意境中隐含意之所指。因此,在汉语研究的传统中,鲜有对主谓宾结构给予定义式的划分、操作性的规则以及理论的探讨。汉语表达意在展现的,不是对某个孤立言说对象的静态界定,而是一个具有其内在逻辑、奔腾向前,又总是随机而变且始终保持开放性的意境。相较于英语,汉语语句结构显得更为灵活多变,并不以"主语"为"首"的语句结构为典型特征。

换言之,汉语语句结构有明显的"重谓轻名"现象。其中,"名"就相当于一个不变的对象,"谓"则相当于指向(行为或动作)这个对象的某种关系。"名+谓"的组合,即使表面上看是"名"("言之所陈"),其实也是"谓"("意之所指")。辩家虽然都用"名"争论,但因为其"意之所指"不同,所以才有"夫名,实谓也",意思是说,表面上使用同样的词语,但其背后所指的内容会有差别。可见,"名"真正的含义是由"谓"来决定的,正所谓"名"随"谓"转(尚杰,2010:31)。那么,正名就是"正谓",也就是"名"要与"意之所指"相符,即"名副其实"。而"实"就表示"名"后面的"意"。"实",繁体字为"實",从"宀",从貫。"宀"指房屋,"毌"是贯穿之贯,象穿物之形,本义指穿钱的绳子;"貝"在古代表示金钱(许慎,2014:125)。从构字上看,"實"表示金钱充足于屋下。也有将"实"解释为,从头到脚都有遮挡,头顶有盖(遮风挡雨的地方),中间有粮食,脚下有财富,三点均有,称作"实"。如《孟子·梁惠王下》中写道:"而君之仓廪实,府库充。"简言之,"实"表示能够让人抓得住、摸得着的具体事物,常与"虚"相对。

然而,"实"并非仅指具体的事物,它还包含该事物所具有的特殊属性。"实"的显现则是由其所处的特定时空中的"位"决定,即公孙龙讲的"实以实其所实而不旷焉,位也"(李先焜,1993:67)。《说文解字》中有:"列中庭之左右谓之位"(许慎,2014:161)。"位"的确定取决于其在某种关系网中与其他相关要素之间的关系。由此,"名"本身在汉语表达过程中处于弱化状态,而"谓"是中国人比较看重的。把握"谓"要揭示的"实"到底是什么,离不开由诸多要素构成的语境。

语境优先是汉语语句结构关系优先的另一个具体的表现,它是指范畴内部各要素的属性由其在语境建构中的作用决定,它是关系范畴各要素之间相互依存特点的一种体现。具体说来,要根据语境的要求,分析具体情况,由词序确定词性,与其所表达的对象一一对应,灵活而又完全确定,没有任何随意性(王树人、喻柏林,1996:31)。例如,"这朵花是红的",其中的"红"乃是对花这个名词的颜色属性的规定,其形容词属性是明确的。"这位演员正在走红"其中的"红"是对演员演出活动,即"走"这个动词情况的规定,其副词的属性是明确的。"这个歌手红得发紫",其中的"红"乃是对演出这种活动的规定,其动词属性亦是明确的。因此,在汉语语句结构中,很难孤立地讨论某个字的属性,必须置于整个语句中,其属性特征才能显现出来。语句中所含的语境不同,其属性也必然发生变化。

汉语语句结构这种"语境优先"还表现在,汉语语句结构中有众多约定俗成的表达习惯,且往往依靠语境实现意义的传递。例如,荀子所言:"名无固宜,约之以命,约定俗成谓之宜,异于约则谓之不宜。名无固实,约之以命名,约定俗成谓之实名"(吾淳,1998:180)。虽然,拼音文字也有诸多约定俗成的表达,但就语句结构而言,汉语的自由度高、灵活性强的特点尤为突出。例如,"道理讲清楚"和"讲清楚道理",按照英语句法规则,"道理"应作为"讲"(谓语)的内容(宾语),位置应在"讲"之后;即使用被动语态来解析,也应说:"道理被讲清楚"才符合句法规则。西方人对语言分析非常执着,以理论的方式引导语言的传承,将语言视为表达的工具和逻辑分析的对象,总结归纳了大量理论和规则。而中国人使用语言以实用为目的,如《庄子·外物》所说:"言者所以在意,得意而忘言",这句话是说意思传递出来,至于如何言说以及言说的内容就不重要了。所以,"语境优先"在本质上说明汉语语句的建构旨在传递某种意蕴,其结构也因此呈现出"重意略形、偏用轻法"的特点。尤其对古汉语而言,它通常是一种基于"事件"(event)的语言,而不是基于"事物"(thing)的语言,这就与大多数的印欧语系语言截然不同。具体表现在,中国早期思想形而上学的性质反映了中国语言的结构性质,即在中国的早期思想中,较难发现实体或本体论——存在(being),更多是事件、过程的"生成"(becoming)。而在英语中,名词"动词化"是很常见的现象,如"book""email""feature"等。但在汉语中,根据语境的不同,汉字都可以充当名词、动词、形容词或副词的角色。以"是"为例,在"一无是处""自以为是""实事求是"等表达中,"是"发挥形容词的作用,表示"正确的"含义;在"是可忍,孰不可忍""由是可知"等表达中,"是"发挥代词的作用,表示"这(个)"的含义;在"是谁告诉你的""是母亲哺育我们长大"等表达中,"是"发挥副词的作用,表示强调。可见,脱离了语境,汉字的语法功能是无法确定的。只有当起到动词用法的汉字在翻译中占据主导地位时,汉语的语言活力才会在英语中得到充分体现。

2. 英语语句结构实体优先的特征分析

英语语句结构实体优先的特征首先表现为主体性突出。根据亚里士多德的观点,"主体"的含义是"其他东西陈述它,而它本身不再陈述其他东西者,因此首先应当对它进行界定"(聂敏里,2016:26)。这种界定意味着:其一,"主体"被当作对象来研究,同时具有了对象性和优先性；其二，对"主体"个性化身份概念的说明，包含"自我"之意（Blackburn，2016：463），也就是说，"主体"本身包含区别于他者的本质特征，这种本质特征使其具有独特性，并使其成为"所以是"。"主体"含义体现在英语语句结构层面，不仅表现在"主体"和"主语"在英文中共用"subject"一词，而且表现在其结构充分体现了主体性特征，具体说来：第一，在"主词（主体/主语）+系词（谓语）+谓词（宾语）"这一最基本的英语语句结构中，主语与谓语之间有着明显的区分，且总保持着一致关系。同时，此结构以及在此结构基础上的诸多变化都依据主词（主体/主语）的不同而发生，都是基于主词（主体/主语）的各种样式或者形式本身的思考。第二，在英语语句结构中，谓词（宾语）位置上的语词都是主词（主体/主语）指称对象偶性地呈现（谢文郁，2016：45），偶性处于增减变化中，它只是反映主词在特定情境下的特征，而不能完全界定主词，以及说明主词（主体/主语）的本质。第三，主词（主体/主语）和谓词（宾语）必然是人们体验到的事物，才能保证其在语言层面上是有意义的，才能被理解和被把握，再通过系词（谓语）将主语和宾语联系起来。所以，系词（谓语）在英语语句结构中发挥着中介的作用，它的作用是实现概念和概念之间的对接，即实现对主词（主体/主语）的理解，也就是建立了在语言基础上对世界的理解。因此，在英语语句结构中，"实体"范畴最重要，而其他的范畴常常作为谓词发挥作用，它们被用来说明、描述作为主语的"实体"。换言之，较于其他述谓性范畴，作为主语的实体范畴占据着核心的位置。

此外，英语有丰富的形式指标，且重法则（语法），这是实体优先在英语语句结构中另一方面的表现。繁杂的语法规则被认为高于变化无常的言语内容，因为它们代表了更具真理性和实体性的法则。对语言法则的高度重视使得英语具有独立于语境的倾向（张祥龙，2012b：224）。虽然语境的重要性不言而喻，但是较于汉语对语境的依赖，英语语法造就了其自身可脱离并超越语境的相对独立性。以英语为代表的拼音文字对语法的高度敏感，源于以其为母语者习惯于通过形式法则来表达具体的、有意义的东西。从柏拉图的理念，到亚里士多德认为纯形式才是最高实体，再到黑格尔提出的绝对精神，始终没有放弃对形式的推崇，终极实在一直被认为是始终永恒不变的、可被形式化的。由此，英语语句的建构自然要被概念化、形式化。掌握英语语句结构、理解英语表达的意义，也就顺理成章地需要通过语法规则来体现，并在此基础上，进行遣词造句，用语言构造出对外部世界的理解。因而，语法规则比具体言说内容更稳定、更可靠，也就更为真实。例如，要表达过去发生的事情、正在发生的事情、将要发生的事情，都可以用具体的内容（质料）和时态表达法则（形式）呈现出来。形式比质料更重要，因为它使得人们想要表达的内容最终得以实现。

通过上述分析比较，不难看出，关系优先在汉语词句结构中显得尤为突出，即在正在发生着的上下文中，实现活生生的、确切的语义建构，并在这一过程中真切地把握言说的对象、体悟言说的意义，呈现出动态性、灵活性的特点。而在英语语句结构中，实体优先的特征体现在直截了当地指向言说对象，语句的建构都围绕言说对象展开，建构的路径则是依靠超越一切具体言说内容、独立且严格的语法规则，具有稳定性、先验性的特点。

2.1.3　汉英语句功能上的关系优先与实体优先

1. 汉语语句功能分析："关系—意境"

汉语语句展示的是"关系—意境"的功能，即以建构意境为目标，以"A犹如B"为表现形式，通过"取譬"，即联想进行比喻式的描述，也就是运用"A借助B，在A与B的关系中去把握、体悟A和B的性质和特点"（徐通锵，2008：67）。这在中国古代诗歌中尤为明显，如"飞流直下三千尺，疑是银河落九天""问君能有几多愁，恰似一江春水向东流"。值得注意的是，不是随意两个事物都可以放在一起描述，只有当它们之间具有某种相似性，两者之间才能建立起某种联系，从而产生相互衍生的情形。所以，汉语语句的功能不是针对事物的"属"或者"种"做出自上而下的纵向逻辑判断，不是以同别异，而是以异别异的横向的比喻式描述。

汉语语句"关系—意境"的功能实际上是在意境的建构中传递说者或者作者的思想或情感。从词源学上看，"意"总与"情"联系在一起，并且表现为由情而生的意念、情感这种趋向，即平常所说的情意。例如，《礼记·大学疏》所言："总包万虑谓之为心；情所意念谓之意""'意'，心无所虑也。"意思是说,"意"为由情而生的一种情感所系、所趋的意念或意志。因此,无论是"意念"还是"意志",其本身都是以情为基础,既产生于情,又是情的表现。"意"是人的本能的自然流露,也是本能的被激发和升华。而"境"字,从词源学上看,其原初意义就是指地理的疆域。至今我们对我国政府直接管辖疆土之内称为境内,反之,则称为境外,就是在这种意义上使用"境"字的。"关系—意境"之"境"不是在原初意义上,而是对原初意义的引申,即指人的精神状态。具体地说,是指人的精神水准或精神的层面。例如,唐代诗人刘禹锡在改革弊政失败后,虽屡遭权贵报复与贬谪,但不愿意向权贵屈服妥协,其精神境界在《秋词》一诗表现得淋漓尽致,诗中写道:"自古逢秋悲寂寥,我言秋日胜春朝。晴空一鹤排云上,便引诗情到碧霄。"全诗气势雄浑,意境壮丽,熔情、景、理于一炉,表现出昂扬的精神、开阔的胸襟,创作出非同凡响的秋歌。可见,在意境发生时,"情"生"意","意"生"境"。从审美意义上说,"情"是第一位的,是基础;境界则是借助"意"即"情"的趋向所达到"情"之升华,或者说,"境"是"情"的结晶,像诗、书、画、印等艺术品之为情感的结晶一样。

而"意"最终要表现的是作者的"志",正如《说文解字》中的解释,"意,志也"(许慎,2014:161),即"言志"。在《说文解字》中,"志"被解释为"从心之声,志者,心之所之也"(许慎,2014:216)。"心"为精神之主,是"情志"产生的源头,"志"是一种"心"的趋向性活动。在中国传统思想文化中,"心"作为思维器官,是传统认知活动的主体,其特点是知情意相通。在文化层面,"心"已经脱离了生理意义,变成具有本体论、认识论、伦理学和美学意义的范畴。陆九渊讲"宇宙便是吾心,吾心便是宇宙",朱熹讲"理具于心",《易经》中的"复其见天地之心乎"等,都是在本体论意义上理解"心"。荀子的"心有征知"、张载的"心统情性",则是在认识论意义上理解"心"。日常表达中的"暖心""善心""丹心""贼心""狼心狗肺"等,则是说明"心"的伦理学意义。而"别出心裁""心旷神怡""匠心独具"等表达体现了"心"具备审美意识。《诗序》所说的"在心"也可称为"心在"。"在"是一种动态的趋向性,是指"心"在活动中,有东西脱颖而出,即《广韵》中所说的"意慕",

就是"情意"或"情志"的活动。例如，刘禹锡在其《杏园花下酬乐天见赠》一诗中写道："二十余年作逐臣，归来还见曲江春。游人莫笑白头醉，老醉花间有几人。"诗人以一种悲凉的口吻道尽一生的委屈，少年成名，参与变法，变法失败，屡遭打压。步入老年，虽然可以过上悠然自得的生活，但年轻时所发生的事情，依旧耿耿于怀。因此，"言志"实质上就是"情意"或"情志"的展现（王树人，2005：277）。从《诗经》《楚辞》、汉魏古诗、唐诗宋词，一直到明清杂剧、白话小说的出现，汉语语句不是在具体与抽象之间、主观与客观之间寻求某种升华与超脱，而是在并非完全抽象的思想环境中将"情志"借以象征，并用与其密切相关的比喻方式阐述出来。

2. 英语语句功能分析："实体—属性"

英语语句有完整独立的语法系统和完美的结构或形式，通常以"A 是 B"的形式呈现出来，即通过一种下定义的方式说明事物的属性（徐通锵，2008：67），也就是要说明一事物与另一事物之间的种属关系。英语中"A 是 B"中的"是"与汉语中的"是"有很大的区别。具体表现如下：

在英语语句功能方面，"是"体现在一定要说明对象"是什么"，即对"是"的主语属性作出"非此即彼"的断定。在《巴门尼德篇》中，柏拉图以"一"和"是"为例说明"是"的功能。当"一"和"是"处于分离状态时，它们各自是一个封闭的世界，而当两者结合时，"一是"使得意义世界千变万化。在"一是"中"一"蕴含了部分和整体等意义世界，"是"此时也不再指示事物自身存在，而被用来指示主语的某种属性。换言之，"是"既分割又连接起了"现象与概念""实体与属性"。而这些关系的两个方面并不存在一一对应的可比性（周春生，2003：68）。根据亚里士多德的观点，在一个由"是"构成的判断句里，第一实体不能被断言于第二实体。因此，不能说"人是某人"，而只能说"某人是人"，也就是第二实体被断言于第一实体（苗力田，2016：6）。所以，当主语和宾语、第一实体和第二实体在一个由"是"构成的判断句里，前后项不是相互对等的关系。而汉语中的"是"，根据《说文解字》的解释："是，直也，从日正"（许慎，2014：33）。也就是说，"是"最初的意义为"直""正"之类，或为通常用语中的"对"。在先秦时代,"是"表示"此",作系词用是六朝以后的事情。例如,在《论文·八佾》中:"是可忍,孰不可忍"("是"作"代词")。"是"字的前身是"为"(爲)字,而"爲,母猴也。其爲禽好爪。爪,母猴象也。下腹爲母猴形"(许慎,2014:57),属假借字,表示变化生成之意。段玉裁(1981:192)曰:"凡有所变化曰为",意思是凡有所动作,也就是对原有的事物有所变化,就是"为"。演变到最后阶段,"为"字渐渐具有系词特征;然而,在许多情形之下,仍未完全脱离"变为""成为"等意义(王力,1958:216)。事实上,汉字的模糊性不会随着时代的变迁而发生变化,在最应该具有判断性质的"系词"问题上也不例外。而且,汉语中的"是"在其意义演变过程中,几乎涵盖了所有词性,直到今天也是如此。具体包括:其一,承认或者否认某件事,例如,《坛经·付嘱品》中写道:"只为众生迷佛,非是佛迷众生";其二,追究原因,例如,《近思录》第三卷中有"学不能推究事理,只是心粗";其三,"是"用在判断事情做得对不对,但这个"对不对"的意思,经常带有"好不好"的意味,例如,在《红楼梦》第二十七回中有"此刻自己也跟了进去,一则宝玉不便,二则黛玉嫌疑,倒是回来的妙";其四,"是"也有"实在"的意思,只用于加强连词或副词的语气,用在"若是""或是""只是"等句型中(尚杰,2010:269)。

相较于汉语中"是"的不确定性,西方哲学对"存在是什么"的不断追问使"是"始终在本体论层次得到研究。当把"是"说成系词时,它意味着逻辑上的精确性,反映了针对对象属性的超越性思考。由于系动词的强化,特别是"属+种差"的逻辑思维定式的强化,对象最终被限定在预设的范畴(时态、位置等)之内。这一过程本身是跳到对象之外的、纯粹性的反思。而通过上述讨论,不难发现,汉语中的判断系动词处于模糊状态,或者说弱化状态。所谓"本体"或"本根"在中国传统文化中指一物与另一物的关系、所处之地位等,"本体"隐含在具体事物之中(周春生,2001:31)。在《庄子·知北游》中提到:"惽然若亡而存;油然不形而神;万物畜而不知:此之谓本根,可以观于天矣!"也就是说,在关系思维定势下,对事物的判断始终与现实世界有着内在的契合关系。当事物被表述出来,也就意味着无须再对其进行界定,这是一种抽象性与具体性、一般性和个体性的统一。

总之,汉语语句结构关系优先的特征决定了其语句必然以建构意境为目标,"关系—意境"是其语句功能的集中体现;而实体范畴以对象化为基础,通过建构起具有不同功能特征的语句揭示实体在不同情况下的属性,因此,英语语句具备"实体—属性"的特点。

2.2 取象与抽象

汉英思维模式的差异还体现在认识对象的不同,即"取象"与"抽象"的差别。具体表现在,汉语中"取象"关注的是"象",其具有主客相通的基本特征。汉语中取象的路径是"取象比类",也就是在通过整体直观把握事物本质属性的基础上,利用巧妙的比喻表达对某种"象"的本质的体会和领悟,达到立象以尽意、得意而忘言的效果。而"抽象"关注的是"透过现象看本质"中的"现象",是主客二分的逻辑思维的产物。在英语表达中,运用逻辑分析从同一类事物的诸多属性中抽取某种本质属性,通过循序的推理、逐层的意义建构,得出对外部世界的判断,以定义的方式呈现对言说对象的概念化认识。

2.2.1 作为哲学范畴的"象"与"现象"

"象"字,甲骨文为𧰼,原指动物中的大象,是中国象形文字的典型。"象"的引申含义涉及形象、想象、象征。《韩非子·解老》中记载:"人希见生象也,而得死象之骨,案其图以想其生也,故诸人之所以意想者,皆谓之象也"。意思是说,在远古时代的中原地区,气候温暖,经常有大象出没。后来由于气候变冷,大象迁移到南方,中原地区的人们唯有通过死去的骨骼形态,推断活象的模样,这便是"想象"一词的由来。在中国传统文化中,"象"通常分为四个层次(王前,2005:64-69)。

第一个层次是"物象",即物态之象,包括肉眼可以观察到的各种天象,旅行过程中欣赏到的景象,我们经常说的"人不可貌相",中医讲的"望、闻、问、切"。像欧阳修的《田家》中所描述的:"绿桑高下映平川,赛罢田神笑语喧。林外鸣鸠春雨歇,屋头初日杏花繁";又如苏辙《栾城集·应诏进策·君术策第五道》所说:"其状如长江大河,日夜浑浑,趋于下而不能止"等，都是社会生活中可以直接观察到的各种"象"的描述。总之，一切可感知且具体有形的实物形象都属物态之象。

第二个层次是属性之象，它是基于物态之象，对事物某一方面的属性进行抽象的概括，通常分为动态属性之象和静态属性之象两种。前者常常被称为各种各样的"气"，包括表达各种情感之象的"怒气冲冲""气急败坏""喜气洋洋"，表达事态发展运势的"福气""运气""晦气"等。此外，还有"帅气""语气""争气"等。作为中国传统文化中一个比较有特色的范畴，"气"不等同于英语中"gas"或"air"的含义，而相对比较接近"vitality"，表示充满生机和能量，需要通过体验才能领会气的存在。对"气"的理解通常源于对呼吸的体会，呼吸是维持人生存的最基本的活动，古语说："三寸之气在千般用，一旦无常万事休"，王充的《论衡》中有："天地合气，万物自生"，再如张载的《正蒙·太和篇》中有："太虚不能无气。气不能不聚而为万物，万物不能不散而为太虚。"可见，"气"同生命息息相关。另外一种属性之象表现为静态属性的"象"被称为"性"，用来说明事物相对稳定的属性之象。例如，"刚直不阿""光明磊落""斤斤计较""睚眦必报"等用来描述人所具有的禀性。冯梦龙在《醒世恒言》（第三十五卷）中提到："江山易改，禀性难移"，就是来说明人的禀性有较强的稳定性，不会轻易地发生变化。

"象"的第三个层次是本原之象，也可称作"意象"，用来反映属性之象之间的内在联系，揭示事物的本质特征。"意象"的含义多样，可以指"意向"，例如，有些人的言行与内心真实的想法不一致：表面上心胸宽广，实际心胸狭隘；表面上称兄道弟，背后使坏。所以汉语中有很多表达类似情形的说法，诸如"阳奉阴违""人心叵测""刀子嘴豆腐心"等，都旨在说明人内心的真心想法很难把握，需要通过长期的体验，才可能对这类"心象"有比较准确的理解。"意象"的第二种理解是"意思"，它不是指字面的意思，而是指言语表达背后所潜藏的事物的本质属性。例如，孔子在思想方法上主张"中庸"。根据程颐解释，"中庸"是指"不偏之谓中，不易之谓庸。中者，天下之正道。庸者，天下之定理"（《遗书》第七卷），意思是说，不走极端和稳定不变，是一切事物正当不移的道理（北京大学哲学系中国哲学教研室，2017：23）。而如何把握这种为人处世的

"分寸"和"刚刚好",则需要通过亲身体验以领会蕴含在文字背后的原理或规律。"意象"的第三种理解是"意境",通常指隐藏在诗词、音乐、绘画中的深刻哲理或是思想境界,这在中国古代文学艺术作品中表现得尤为突出。例如,陆游《书愤》一诗后四句写道:"塞上长城空自许,镜中衰鬓已先斑。出师一表真名世,千载谁堪伯仲间。"这首诗显然不是描绘诗人因容颜衰老而落寞的心情,而是表达诗人壮志未遂、功业难成的悲愤。尾联以诸葛亮自比,不满和悲叹之情交织在一起,展现了诗人复杂的内心世界。与此类似,像柳宗元的《江雪》、古曲《广陵散》、今曲《难忘今宵》等,都有自己独特的意境,需要观者或者听者发挥想"象",体味这些意境本身的"象"。

"象"的最高层次是规律之象,也可被称为"道象",它反映了事物本质属性之间的必然联系,被用作推断事物发展趋势的根据。例如,阴阳相互转化之象、五行相生相克之象、"易象",以及我国古代哲学思想中对事物发展规律的描述,如"物极必反""反者道之动"等都可以成为直观体验中对事物发展趋势进行预判的"道象"。这里有必要简单地讨论中国传统文化中特有的范畴"道",它是最为抽象的"象"。"道"并非指实在的道路或在道路上实际行走的过程,也不限于各种实践活动中具体的途径和方法。它的含义要比英语单词"way"更加深刻。老子强调"大道无形""道可道,非常道",这不仅超越了人们对实在道路的体验,也超越了各种具体途径和方法的特性,抽象出来的结果是对应该"先做什么,后做什么,再做什么"这种步骤性活动自身的本质特征的体验。

通过对象的分析和比较可以发现:首先,"象"不是逻辑分析的产物,需要通过直观体验才能获得。"象"不能从逻辑上下定义,也不能从逻辑上明显划分其现象与本质、感性与理性、具体与抽象等诸多对应成分。这些成分在每一种"象"中都不同程度地存在着。例如,阴阳、五行、八卦也各有其感性成分,它们是对其所有具体事例的感性成分的高度凝练。其次,"象"具有整体性特征,是整体认知的结果。这并不是说每一种"象"都是一个整体,而是指每一种"象"都存在于事物不同层次的整体结构中,需要从整体上来辨识"象",不能将某种"象"孤立地加以研究。再次，"象"不仅是"用心"思维的对象，也是"用心"思维的产物。而"用心"的思维特征在于心物交融，直观体验（王前，2004：4）。世上没有与直观体验无关的绝对客观的"象"，而直观体验总带有主体性、私人性。"象"不是纯粹主观自生的，人们对"象"的理解、界定和阐释有许多相通之处，因而才可以相互交流。"象"是人们思维活动中具备"天人合一"特征的事物，是主客之间相互贯通、相互作用的产物，也是"主体间性"的产物（王前，2021：117–118）。

"取象"之"取"有以局部为切入点展示全局特征之意。根据《说文解字》所讲，"取，捕取也。从又从耳"；《周礼》上说："大兽公之，小禽私之，获者取左耳"，意思是说割下猎物的耳朵，以示战功。"取象"来源于可感知之物象，并通过"取"达到对于"象"整体性的把握。例如，中医诊病时，根据手指所感触的脉动，包括其频率、节律、形态、充盈度，判断病患属于何种脉象，进而对患者的身体状况有全面把握，对症下药。诊脉过程实际上是医师根据脉动，即物态之象，结合自身积累的知识与经验做出直觉的判断，获得脉象，进而了解患者病情特征及其发展趋势。这一过程既有主观想象之意，又包含对客观事物的依存，两者无法剥离。因此，"取象"具有主客相通的基本特征（王树人，2006：52）。"取象"从物态之象，即以一切可直接感知的、有形的实物形象为切入点，从中获得体现事物某一方面属性的属性之象，进而升华到反映属性之象内在联系的本原之象，最终进入规律之象的层次，即揭示事物本质属性之间的联系或确定的关系，并将其作为推断事物发展趋势的根据。因而，"取象"是一环扣一环，层层递进，最终通向对事物本质特征的深刻体悟的动态过程。

不同于汉语"取象"中主客相通之"象"，英语中"抽象"之"象"指的是"透过现象看本质"中的"现象"（phenomenon），从日语转译而来（王前，2009：23）。根据《柯林斯英语词典》（*Collins Cobuild English Dictionary*）的解释，英语"抽象"一词为"abstract"，来源于普遍观念而非真实的事物或者事件。其另一常用意思为摘要，即对文章主要观点的提炼（Sinclair，2000：7），而非事无巨细，面面俱到。所以，"抽象"是从个别中概括出一般,从特殊中发现普遍的过程,在这一过程中,并非"现象"的所有方面都会被纳入"抽象"过程中。"抽象"摒弃了事物的个别特征,只专注于得到那个永恒的、唯一的、不变的本质。用汉语中"抽象"一词翻译成英语中的"abstract"是比较贴切的。因为在汉语中,"抽",篆文𢱧(手,拔)𤱎(留),表示在庄稼长得茂密处拔掉一些弱小的苗株,保留部分长得苗壮的苗株,为的是使地肥和生长空间充足,结实饱满,如《诗·小雅·楚茨》所言:"楚楚者茨,言抽其棘。自昔何为,我艺黍稷。我黍与与,我稷翼翼。"所以,"抽"字本身有取舍之意,"抽象"在这一取舍的过程中,在主客分离的情况下,预先设定某种本质特征,以逻辑分析的方法推导出预设的必然存在性。抽象伴随产生的是一种"垂直逻辑",是一种典型的二元思维,是把现象和本质、主观与客观分成截然对立的两部分,最终建构起一个井井有条、同一且连续的世界(尚杰,2010:121)。

英语世界中的抽象来源于古希腊的思想文化特征。古希腊社会文化特征从很多方面对于抽象思维的产生提供了条件。作为地中海沿岸商贸活动的中心,古希腊的人际关系、社会生活、人与自然界之间存在诸多不确定的因素,难以把握。古希腊思想家们正是充分认识到大千世界这种流变的特征,所以孜孜以求那个"变"中的"不变",揭示世间万物背后那个不变的本原,并将其作为认识大千世界的可靠依据(王前,2005:91)。泰勒斯(Thales)认为"水"是世界的本原,恩培多克勒(Empedocles)认为"火、水、土、气等"是世界的本原,毕达哥拉斯(Pythagoras)学派认为"数"是世界的本原,等等,这些探索与思考都是尝试从千变万化的现象中抽离出一种事实上的先后关系,即能够演化出世间万物的世界本原。

综上,"象"与"现象"有着明显的区别。前者是直观体验的对象,本身并非孤立不变,而是在普遍联系和变化发展中存在与发展的对象。从物态之象到规律之象,既层次分明,又紧密相连,每个层次的"象"都无法与其他层次的"象"分割。而"现象"只停留在物态之象的层次上,即感性认知的层次上,并未涉及对事物本质特征的认识,同时与本质特征处于主客二分的对立关系当中。

2.2.2 汉英语言中取象与抽象的不同路径

1. 汉语中取象的路径

汉语中取象的路径是"取象比类",它是中国传统思维对"象"的界说的特定方法,即以"象"说"象",通过巧妙的比喻表达对某种"象"的本质的体会和领悟。这一过程是不同于西方逻辑分析推理的特殊的抽象过程。"取象比类"是从整体上把握"象",因为每一种"象"都存在于事物不同层次的整体结构中,只有在整体中才能辨识"象",获得对"象"与"象"之间联系的准确认识,领悟到"象"中所蕴含的象征之意(王前,2005:91),去追寻基于直观体验到的某种"象"中蕴含的东西或与之相关的东西,也就是在一个更高的层次上理解直接看到的"象",从而获得由"取象比类"引发的两个域(本体和喻体)所展现出来的共同的而且是与生俱来的属性。

中国古代典籍多采用"取象比类"说明某种深刻的道理,例如,"上善若水""兵形象水""春脉如弦"。古代诗词中也喜用"取象比类"寄托深邃的情志。例如,清代郑燮(郑板桥)的《竹石》一诗中写道:"咬定青山不放松,立根原在破岩中。千磨万击还坚劲,任尔东西南北风。"这首诗表面写竹,其实是写人,诗中借竹子的形象表达自己面对种种艰难困苦时,宁折不弯,决不向任何恶势力屈服的品格和不肯与黑暗社会同流合污的铮铮傲骨。当郑燮将"品格"与"竹子"联系起来后,对竹子的某种体验转化为对人格的领悟,即"以诗言志"。在加深对竹子之属性体验的同时,也增强对从物态之象中领悟出更为抽象的本原之象的能力。

事实上,越来越多的西方学者已经意识到不能采取传统西方哲学的逻辑思维模式,通过直接翻译的方式,将中国古代哲学思想中的中国式比喻("取象比类")提炼成抽象的、逻辑的理性命题,而是应该另辟他径。要掌握中国传统思想的精髓,就需要关注和解构在上下文中展开的特殊的意象(Slingerland,2011:3)。例如,唐纳德·门罗(Donald Munro)在研究朱熹思想时就强调,对其语篇中意境的解构程度,是理解朱熹哲学思想的关键(Munro,1988:85)。汉斯-格奥尔格·梅勒(Hans-Georg Moeller)在评述《道德经》时,提出中国式隐喻的使用体现了一种借助"结构的功效"实现隐晦的表达，从而折射出"道"的结构。不同于西方哲学传统在文字之间彰显理性主义的风格，中国式隐喻在《道德经》中所显现的是一种自动的诗境（autopoetic）(Moeller, 2006: 24)，也就是借助文字自身营造出的意境传递超越文字本身的、对事物更为深刻的领悟，它反映的是汉语表达中独具特色的思维习惯。

2. 英语中抽象的路径

英语中抽象的路径是提炼和概括，就是运用逻辑分析从同一类事物的诸多属性中抽取某种本质属性，明确加以定义，使之成为具有一般性的概念。抽象的概念从词源上看可能来自某种具体事物，可是一旦规定其内涵和外延之后就超越相应的具体事物了。抽象思维能够使认识深化，将研究对象的属性和特征越分越细，因此，抽象的效果必然是语言结构中的组成部分各自有较为固定的位置、功能以及清晰的界定。构词和造句是符号的不同层次的组合，每种组合都有一条"纲"，纲举目张，使不同层次的符号组成为一个井然有序的系统（徐通锵，2014: 93）。"纲"就是本质，也是构词造句的特征，即该种构词造句的普遍属性。在言说之前，"纲"作为某种假设已经存在。因此，英语表达没有汉语表达中意境在发生时的非现成性，而是利用概念、范畴、规律、假设等元素进行判断、类比、归纳和演绎的程序，即逻辑化的操作程序，而且程序中步骤分明，可还原、可检验。如菲尔莫·诺斯罗普（Filmer Northrop）所言："用直觉得到的概念……表示某种直接领悟的东西，它的全部意义是某种领悟的东西给予的……用假设得到的概念与此不同，它出现在某个演绎理论中，它的全部意义是由这个演绎理论的各个假设所指定的……就是用一个假设得到一个概念"（徐通锵，2007: 183）。

运用逻辑分析的抽象思维带有一定程度的局限性，这就是缺少对事物之间整体的、有机的联系的足够重视，所以近年来西方学者开始了对隐喻的研究，作为对抽象思维的补充。在古希腊时期，隐喻被认为是一种修辞方式，但是已经显露出思维的特征。亚里士多德在《诗学》中写道："用一个表示某物的词借喻他物，这个词便成了隐喻词，其应用范围包括以属喻种、以种喻属、以种喻种和彼此类推"（亚里士多德，1996: 24）。受经验论的影响，乔治·莱考夫和马克·约翰逊（Mark Johnson）提出，身体经验是隐喻产生的前提。隐喻是身体、经验、心智共同作用的结果。借助身体经验,隐喻弥合了语言与现实之间的裂缝。正如本杰明·李·沃尔夫所言,隐喻来自通感,而这种通感是具有真实性的,"隐喻是揉合了经验与现实通感的表达"(Carrol,1956:104)。

因此,隐喻包含强大的思维功能,具体表现在"创造"新的意义,勾勒出整个凸显的经验范围与其他经验范围之间的相似性,重要的相似性都是隐喻创造的(Lakoff & Johnson,2003:47)。具体说来,隐喻是"达成洞见的一种特殊模式",即在假定两个认知域之间具有同构性的基础上,认知活动在两个域之间产生了互动和类比,通过含蓄的系统转换,例如"原子是微缩的行星系统"之类的隐喻,实现了概念模型对理论的阐释(Black,1962:237)。在科学领域,隐喻逐渐被视为能够说明和解释事物本质特征的认知工具。哈里斯(Harris)在《科学中的隐喻》一文中指出:"绝大多数科学学科都包含着这样的例子,起初与一门科学相伴而生的概念通常是最为含混的,是关于某一类事物的原则性的特征或潜在性的概念,而最终该门科学揭示出一种实体、一种物质的种类,这是可以感触并且可以度量的。这时原初的概念就变得拟人化了"(Harris,1912:263)。可见,隐喻的思维功能不仅突破了"不相干"的两事物之间的界限,而且通过创造相似性突破认知层面的模糊性,将隐而未现的概念完全凸显出来,并使其充分明朗。表现在语言层面,常见的概念隐喻连接词"是"以语形上的明确方式在语义系统中对分类逻辑框架进行重组,构造出新的语用,从而通过一种曲折意义传达出特定意向的认知内容。如汉斯·布鲁门伯格(Hans Blumenberg)所言:"隐喻就是转换,而转换又是那些必须被执行而不必在字面上予以对待的事情"(布鲁门伯格,2012:7)。隐喻构造"发生转换的两极就是逻辑的两极"(Ricoeur,2003:21),其中包含的概念分叉在本质上具有整体性特征。因此,隐喻能够牵动类型层级结构的全局,造成整个逻辑分类系统的重新分化组合,为原有的逻辑分类框架"引入了更高层次或更为抽象的联系,而这种联系通常是被忽略掉的"(Way,1991:197)。隐喻本体集合中所包含的元素成为喻体集合元素的可能性越小,该隐喻所具有的逻辑解释的可能性就越大,从而该隐喻具有的暗示性和启示力就越强,传达出的认知内容就越深刻(MacConmac,1986:318–

319),这也是近年来语言学界对隐喻阐释的研究层出不穷的原因之一。

隐喻具有上述思维功能的原因在于,在西方传统文化中逻辑思维一直占据主导地位,非逻辑思维处于边缘化的或补充的地位,因而往往依靠"隐喻"或者说"暗喻"发挥其思维功能。早在古希腊时期,亚里士多德就提出"隐喻应当从有关系的事物中取来,可是关系又不能太显著。正如在哲学里,一个人要有敏锐的眼光才能从相差很远的事物中看出它们的相似之点"(亚里士多德,1991:183)。近代以来,托马斯·霍布斯(Thomas Hobbes)认为"在估算和寻求真理的过程中",隐喻"是不被认可的",皮埃尔·迪昂(Pierre Duhem)也认为詹姆斯·克拉克·麦克斯韦(James Clerk Maxwell)对电场的隐喻模型应当被逐出严格科学的领域(戴维·库珀,2007:136,2-3)。只是近年来隐喻才得到西方学术界的特别关注,实际上反映了对事物之间有机联系的重视程度的增长。隐喻被认为可以防止理论范畴的过分僵化,因为它联结不同语境的强大能力在各个学科之间敞开了交流和互动的大门(Hintikka & Sanda,1994:181)。隐喻所具有的认知价值使得人们可以凭借直觉创造性地去解构它们,因而隐喻和理性陈述之间的关联就必然表现为一种相互融合的方式。隐喻在直接当下的意义似乎是非理性的,但是当把它放在一个理性系统中去分析时,就会清楚地发现它具有特定的,甚至是长期的科学理性思维的背景(郭贵春,2019:237)。

虽然隐喻弱化了认识主体和认识客体的二元对立,但是依旧没有摆脱西方逻辑分析思维的影响。具体表现在,隐喻依靠简单且基础的概念建构起高度结构化的复杂概念。也就是说,简单的概念是复杂概念的来源。一个简单概念往往拥有各种混杂在一起的不同的性质。当身心主动地将这些简单的概念联结在一起,在保持这些简单概念彼此独立的同时,发现不同概念维度的相似点,并将其从周围环境中抽离出来,暂时舍弃相关的条件或制约因素。在这一过程中,始源域和目的域的各方面特征被分解出来加以辨析,建构起新的更加复杂的概念。概念隐喻的结构性、可分析性、与文化及日常推理紧密相连的特征尤其突出(Lakoff & Johnson,2003:56)。

根据乔治·莱考夫和马克·约翰逊的观点,人类概念系统的构成仅仅依靠一小部分经验概念。这些具有建构性的经验概念包括一系列基本的空间概念（如上下、前后），一系列基于身体的本体论概念（如实体、容器）和一系列基本行为或行动（如吃、跑）。其他没有直接来源于身体体验的概念在本质上都必然是隐喻的。乔治·莱考夫进一步指出，这些隐喻的概念通过具有建构性的经验概念才能被理解和建构（Lakoff & Johnson, 2003：52）。换言之，隐喻以一种字面上的"用词不当"实现概念层面的"合理性"或者"有理由"的关联，以一种更加现实和具体的形式加强了概念之间的普遍联系，依靠理性的力量促成其最终的形成。

2.2.3 汉英语言中取象与抽象的不同效果

1. 汉语中取象的效果

取象是在整体直观中把握事物的本质和属性，这一过程离不开物态之象和属性之象，同时将零散的、局部的体验进行梳理和整合，通过"由此及彼，由表及里，去粗取精，去伪存真"，达到立象以尽意，得意而忘言，也就是在无言中体悟到事物的本质属性和规律性，即达到"格物致知"的效果。根据《说文解字》的解释，"格，木长皃，从木，各声"（许慎，2014：115）。最初指树木的长枝条，后指用线条组成的框架，用于将物品分置摆放（方格、格子），引申为标准或尺度（及格、够格）、品貌或风范（人格、风格）、打斗（格杀、格斗）、探究（格物）等。如果将上述用法提炼，可以发现"格"的本义是将事物置于恰当的位置，使其具有较强的稳定性。作名词时，"格"体现了器皿等承载之物的置物功能；作动词时，则是为了实现或发挥这一功能所采取的行动。"格物致知"的本义是，通过使某种事物处于适当位置上，穷究事物的原理，从而获得对事物本质的认识，而这一过程离不开精准的定"位"。因为"位"是个别事物在事物内部与外部繁杂有机联系中的位置，影响甚至是决定了个别事物存在的方式、所处的状态，以及未来整体的发展态势。《礼记·中庸》中的"致中和，天地位焉，万物育焉"，意思是说，世间以"中"为根基，而"和"是人人都应该遵守的法度。一旦进入"中和"状态，天地各安其"位"，万物自然会生长繁育。简言之，寻求并找到那个刚刚好的"位"是部分与整体相互作用、各显其能的机制所在。而机制运作的动力需要依靠

"格",实现恰当的"定位"。而"致知"的目的在于穷"理"与知"道",通过直观体验,获得对世界的整体性和相互联系的网络结构的充分认识。在《易·系辞》中有:"道者何,无之称也。无不通也。无不由也。"因此,"致知"一定是将认识对象与其所在的环境相融合,探讨其与周围事物之间的有机联系。简言之,"格物"的价值在于"使人们了解事物能保持其内在本性的适当位置,这样才便于事物之间相互关系的本质特征和规律性,才能够'致知'"(王前,2021:165)。

朱熹在其《大学章句》中说道:"所谓致知在格物者,言欲致吾之知,在即物而穷其理也。盖人心之灵莫不有知,而天下之物莫不有道理,惟于其理有未穷,故其知有不尽也。是以大学始教,必使学者即凡天下之物,莫不因其已知之理而益穷之,以求至乎其极。至于用力之久,而一旦豁然贯通焉,则众物之表里精粗无不到,而吾心之全体大用无不明矣。"意思是说,要想获得知识,在于就物而研究它的理。人心的灵明,都是有知的,而天下的万物,都是有理的。因为对"理"还没有研究透彻,所以"心"的知识也就无法完整。所以,"大学"教育的开始,就是学者根据已知的道理对天下万物加以进一步的研究,以求达到更高的思想层次,终究有一天能够豁然贯通,那么万物的表里粗精就无不到,心的全部内容也就彻底明朗了(北京大学哲学系中国哲学教研室,2017:288–289)。

当这种思维层次上的飞跃用言语表达出来时,其传递的内容实际上是对言语本身的一种超越,也就是"忘言"。如何"忘言"而又能得"意"?得意忘言"之"言是本来就有意义,能让人得"意"的"大言"。这样的"大言"本来就是化于语境、道境而让人"忘"其所在,从而让"意"纯粹地显现出来。老子讲:"道可道,非常道","道"是不可以言说的,如果言说出来,就会遮蔽或扭曲"道"的真正含义。因此,"道"需要被体悟出来,而非被言说出来。这也是为什么中国古人喜欢采用诗或寓言的形式,使思想、哲学、宗教、文学、艺术融为一体。例如,《庄子》大部分是寓言,《论语》中也不乏抒情写意之笔。究其原因,语言除了能起到沟通、记载、交流、储存、传播等作用外,还有"言不尽意"甚至"以言害意"等遮蔽效果。中国古代圣贤在思想表达上具有更高的追求,通过诗性的语言去营造一种意境,在意境中不仅要表达言内之意,而且要向外传递言外之意（王树人、喻柏林，1996：9）。更为重要的是，由意境引发的"言"才能使人"能近取譬""触类旁通"，维持于意境本身的势态之中而不固定于某一个意义对象。

然而，这一超越不同于西方哲学中的真理之超越，后者主张理念、概念脱离具体事物而独立自存的外在超越，而中国哲学中的根本之超越是一种内在的超越。张世英认为，虽然西方哲学中也有讲内在超越，例如，托马斯·阿奎那（Thomas Aquinas）关于共相存在于个别具体事物之中的方式，也属于内在的超越，但是他依旧是站在认识论和逻辑的角度，这与中国哲学所寻求存在论意义上的内在超越并不相同。传统西方哲学注重主客二分，重认识，始终将人置于认识对象以外。而中国古代哲学强调人作为知、情、意之整体生存于天地间，人在于万物一体中体验到的不可能是外在于人和外在于物的东西，而只能是内在于人和物之中的东西，人通过体验所寻求到的根本，虽然是超越，但是仍在具体事物之中（张世英，2005：249-250）。

2. 英语中抽象的效果

抽象的效果为英语表达提供了一种一劳永逸的言说方式，这种言说方式已经事先被"选择"或"做出决断"。作为思维最基础的形式，概念是对现实生活中诸多现象的分类概括，解释某一类现实现象足以和其他现象区别开来的特征，使之成为字或词。概念形成的途径主要有两种：一种是用直觉得到的，另一种是用假设得到的。"用直觉得到的概念……表示某种直接领悟的东西，它的全部意义是某种领悟的东西给予的。'蓝'，作为感觉到的颜色，就是一个用直觉得到的概念。"用假设得到的概念与此不同，"它出现在某个演绎理论中，它的全部意义是由这个演绎理论的各个假设所指定的……'蓝'，在电磁理论中波长数目的意义上，就是一个用假设得到的概念"（徐通锵，2008：183-184）。基于假设概念，发展出数理推演，用归纳分析的方法来论证，使用的语言严密而明确，这就与依靠直觉获得的概念大相径庭。后者具体表现为语言富于暗示，言简意丰。关于直觉问题在本章下一节进行较为详细的论述。

因此，英语的表达通过假设的路径形成概念，并由此形成推理式的思维。在语言表达中，推理式的思维路径被不断地重复，渗透着约定的相对合理性和语义次序的相对稳定性。不管新鲜的事态多么丰富多彩，都要去遵守并维持住这些纲目。进一步说，英语言说行为必须遵循一定的规则和程序，通过循序的推理、逐层的意义建构，得出对外部世界的经验判断，以定义的方式显现对言说对象的概念化认识。由此，英语语言表达具有强烈的可分析化特征。例如，亚里士多德《正位篇》将宾词分为四类，如果以人作为主语，其一，有作为定义者的宾语"是具有理性的动物"；其二，有作为种属关系的宾语"是动物"；其三，有作为固有属性的宾语"具有说话能力"；其四，有作为偶有属性的宾语"坐着"（吾淳，1998：354）。可见，英语语句可以较为容易地被格式化，并冠以对应的名称概念，按照一定的秩序进行排列组合或者拆解，这实际上是一种抽象思维语词形式化的具体表现。

此外，抽象作为一种理智活动，实际上是自我意识的结果，即意识到自我的存在、自我与外部世界的关系，以及自我的需求。也就是将主体对象化，以语词为中介，以一种自觉的方式建构起主体与外部认识对象之间的抽象关系，这反映了主客二分的认知方式。同时，将认识对象视为被自我意识对象化的主体，是非偶性范畴，任何性质、数量、关系等都只能是主体把握的性质、数量和关系等，而且与主体保持着严格的对应关系。例如，主语有单复数之分，动词有时、体、态、式之别，后者的变化取决于前者的形式。谓语动词在句中的变化是主语的偶有属性，而英语句子"谓随主动"是出现在各种"偶然属性"中的"实体"特征。

2.3 直觉与逻辑

在揭示汉英思维模式关注的认知对象差异之后，下面重点分析汉英母语者在面对认知对象时所选择认知路径的差异，具体表现为"直觉导向"和"逻辑导向"的不同。在汉语表达中，直觉发挥主导作用，具体表现在汉字以及由汉字组成的词常常既不单独地指称某一具体的可感物，又不纯粹地表示超验的主观意念世界，而是将外部世界与内在世界联为一体，要在语境中依靠"心觉而意领"。但在英语表达中，逻辑发挥主导作用，以规则建构语句，把语义直截了当地表述出来，目的在于对直接陈述对象的性质做出肯定或否定的论断，对概念与推理之间的关系进行准确的定位和说明。

2.3.1 汉语中的直觉与逻辑

作为中国传统的思维模式，直观体验亦称"直觉"（intuition），由日语"直观"转化而来，常被简单地等同于感性经验，或被作为意会的东西而不加分析地使用，因而直观体验的理解多数是描述性的。直觉通常被认为是一种不经过逻辑而直接洞察事物本质的思维过程。它需要经过长期的积累，反复思考，一旦实现思想上的飞跃，就豁然贯通，出现创造性的灵感，即达到"领悟"的状态（王前，2004：51）。此外，直觉是超理性的和体验式的，它绕开了逻辑推理而直达真理，所以人们往往只能描述其心理形态。禅宗提出的"不立文字""直指人心"的顿悟法把直觉思维发展到极致，认为应该摒弃所有概念的框架，摆脱时空和逻辑的束缚，进入彻底自发的状态，才能实现绝对超越进入本体境界，达到对事物本质的认识（冯友兰，2013：249）。

在直觉思维作用下，汉字以及由汉字组成的词常常既不单独地指称某一具体的可感物，又不纯粹地表示超验的主观意念世界，而是将外部世界与内在世界联为一体。虽然汉字起初都是象形文字，但是很快衍生出表意文字。也就是说，文字持续地激活着一般性的概念，感性的形象世界与抽象的概念之间始终相互渗透，形成难以剥离的整体（周春生，2001：57）。要体会其含义，必须挣脱"名"本身，如前所述，汉语表达的特点之一是"重谓轻名"，"谓"之所指的那个"实"（意）才是语言真正要揭示的。而对"名"过度地关注，难免出现"以言害意"的情况。正如《庄子·则阳》所讲："有名有实，是物之居；无名无实，在物之虚。可言可意，言而愈疏。"因而，汉语表达的显著特点之一就是言简意赅，尽量以较少文字传递出"意在言外""意出言表"，也就是所谓"钩深索隐"（张岱年，1991：26）。

换言之，汉语表达具有模糊性的特点，使其很难通过语言指称的有效性来考量，而是要依靠"心觉而意领"。玄学代表人物之一的嵇康认为，意义有定旨，而语言则可因俗而殊，那么，"此为心不系于所言，言或不足以证心也"自然毫无疑义。何晏的《无名论》更是力图证明圣人的最高境界是"无名","道"更是没有任何语言可以与之对应的。他指出:"夫道者,惟无所有者也。""道"是一切万物的终极依据,而它本身则与任何实存的现象或具体的事物都不同,它不拘泥于构成质料,是一种抽象的、超越的"无所有"的本体存在,这就是所谓"道本无名"(周裕锴,2003:119)。"道"到底是否可言,解决的途径是承认语言本身需要与"道"相调适,即有一个先于概念的语言维度,"道"通过它或就在其中向我们道其所道。因此,"道"与"言"之间是相互引发的关系,而要引发这个关系起作用就要依靠直觉(张祥龙,2011b:262)。

中国古代丰富的诗词歌赋渗透着直觉的精髓。例如,"春风又绿江南岸"中的"绿"收纳了春天到来时江南无尽的美感意象。而下一句"明月何时照我还"注满诗人忧郁、伤感、消沉的感情,饱含对即将远离的家乡深深的眷恋之情。只有身处其中,触景生情,才能找到情与景的契合点,并将其融于精练的文字中。同时,诗句中主客交融、流动性的美为读者提供极具有开放性的解读空间,读者需要利用直觉才能体会其中的意境和作者在那时那景所要表达的真实情感。所以,直觉亦是一种"解蔽"的过程,它让被文字所遮蔽掉的意境之"美"显露出来。

此外,如前文所述"取象比类"的言说方式在中国古代思想文化中占据主导地位。究其原因,由于中国人擅长直觉思维,逻辑思维在汉语表达中发挥着隐性作用,因此汉语表达不习惯以下定义的方式呈现对事物的认识。更为具体地说,汉语中的逻辑是一种隐性逻辑,即在"取象比类"的过程中选择合适的喻词和喻体,努力消除思维中自相矛盾和混乱之处,这里实际上有逻辑思维的潜在作用。换言之,中国古人习惯"取象比类"的言说方式,是由于其逻辑思维不发达,直观体验思维占据主导地位,因而必须靠明喻发挥主要的思维功能。而"取象比类"的关键在于比喻得巧妙、准确、深刻、生动。"比喻"在古文中称"譬",亦作"辟"。"精辟"就是精巧的比喻。孔子讲:"能近取譬,可谓仁之方已",可见对精巧的比喻的重视。有些时候,"取象比类"不用"如""犹""若"等明显的喻词,而是以隐喻方式体现其功能,这可以从上下文关系或语境中明确加以判定。成语典故中"纸上谈兵""掩耳盗铃""隔岸观火"等作为"意象",

其寓意都在于说明某种深刻哲理。现代汉语中"树大招风""翻云覆雨"之类说法，其实都是"取象比类"。当然，这并不意味着所有的比喻都是"取象比类"。作为一种修辞手法，比喻可以有夸张的成分，如"燕山雪花大如席"；可以有渲染的成分，可以说"如诗如画""如诉如泣"，其目的在于表达某种情感，而并不包含一般意义上说明某种"象"的本质属性或特征的功能，这就不是"取象比类"。"取象比类"一般情况下是带有普遍性的全称判断，是对一类事物的"共象"或者说本质特征的界说。由于它的目的是要说明对象事物的本质特征，因而不允许渲染和夸张，而是需要精准、真实和深刻。正如王符在《潜夫论·释难》中所言："夫譬喻也者，生于直告之不明，故假物之然否以彰之。物之有然否也，非以其文也，必以其真也。"

"取象比类"不同于西方语言中的类比，后者是一种不严格的逻辑思维，即根据某一事物具有某种特性推导出与之同类的另一事物也具有这种特性。而取象比类中本体和喻体两端之间并无类属关系，换言之，这种横向思维没有逻辑上"类"的牵引和限制，注重的是两者具有关系上的同构性，可以跨越巨大的种类界限和知识空间，通过丰富的联想，在形态功能上，寻找使得两物能够建立起"关系同构"的"象"，从而形象生动地说明作为本体的对象事物的本质特征。例如，《黄帝内经·素问·玉机真藏》上讲："春脉如弦，夏脉如钩，秋脉如浮，冬脉如营。""春脉"怎么能"如弦"呢？当听到"春脉如弦"，初习号脉者会基于对"春脉"和"弦"的一些体验，思考"春脉"和"弦"之间的共性和差异性。在舍弃差异性之后，剩下的共性恰好就是"春脉"的本质属性（或者说"交集"，在逻辑学上被称为"合取"）。中国古人不习惯用下定义的方式表示事物的本质属性，因为它本来就存在于对"春脉"和"弦"的体验当中，借助"取象比类"被显现出来，让人们明确地意识到它的存在和它到底是什么，也就是进入了自觉理解的层次（王前，2017：262）。

因此，取象比类的有效标准在于能否做到"融会贯通"，把握并揭示对象的本质特征。这需要将有关认识对象的"意象"嵌入认识背景的体验关系网络之中，所有的"理"都可以"讲得通"，如朱熹所讲："是以大学始教，必使学者即凡天下之物，莫不因其已知之理而益穷之，以求至乎其极,至于用力之久,而一旦豁然贯通焉,则众物之表里精粗无不到,而吾心之全体大用无不明矣。此谓物格,此谓知之至也"(朱熹,1992:6)。"穷理"的过程就是寻找"意象"和"道象"的过程,这个过程可能是相当艰苦的。然而一旦形成"意象"和"道象",就实现了思维层次的飞跃。"意象"和"道象"对"物态之象"和"属性之象"层次上不完全的或偏激的认识有引导和制约作用,避免思维和行动上出现大的差错。对"意象"和"道象"的深度体验,可以为人们生活中和事业发展中的很多具体问题指明方向,矫正偏差。例如,老中医看病时之所以不必翻看医书、武林高手打斗时之所以不必记口诀要领、名将指挥战斗时之所以不必总想着《孙子兵法》,原因在于通过长期体验而达到对"理"的融会贯通,他们的反应近乎一种自动化的过程。这是一种主客体交融的和谐境界,这就是马丁·海德格尔所说的"上手"状态,体现为一种对"纯关系"形式的把握,又维持在悬而未决的境域之中的显示。

然而,"取象比类"在把握"象"的不同层次时,普通人体验物态之象和属性之象一般来说不成问题,但要把握本原之象("意象")和规律之象("道象")则要付出很大的努力。"得意"和"得道"都是很不容易的事,因为"意象"和"道象"中都包含"可意会而不可言传"的东西。换言之,"意会"是"得意"和"得道"的关键。"意会"需要在亲身体验中加以领会,因为通过直接体验把握到的事物的本质或特征,不可能用言语完全表达出来,也就是《易经》上讲的"书不尽言,言不尽意",庄子讲的"言者所以在意,得意而忘言"。"意会"本身是一种理解上的超越,在语言创造的意境中,经过提炼与扬弃,到达前所未有的顿悟,从而实现认识上的飞跃。体现在语言层面,"意会"可以概括为"不著一字,尽得风流"。"不著一字"并非指不写一字,而是说,一要体会未用或者不能用文字表达的韵味;二要实现超越文字,去体会"象外之意"和"韵外之致"。这恰恰是利用了"象"的象征性与暗示的无限性,给人以广阔无垠的思维时空(王树人、喻柏林,1996:272),在直观体验中体味"意"境的妙处,到达人们常说的"心领神会""意犹未尽"的自由境界中。"象"中之意境不仅给人以超越有限、引发无限联想的美之陶冶,而且也使人在思想上从肤浅走向深邃。如果把老子《道德经》与中国传统诗歌进行对比,不难发现,中国最深刻的哲学著作,兼具诗的优美;而优秀的传统诗歌常常饱含哲学的深思。

需要说明的是,中国传统思维中并非没有逻辑,只不过其表现形态与西方逻辑思维不同,具体表现如下:

中国传统思维中的逻辑思维形态有着明显的辩证色彩,强调对立双方相互依存,相互映衬。例如,在汉字的构字中,横对竖,撇对捺,点对提等,都是对立双方由阴阳相对互补构势而形成的和谐统一(张祥龙,2011b:456)。蔡邕《九势》中讲:"凡落笔结字,上皆覆下,下以承上,使其形势递相映带,无使势背。转笔,宜左右而顾,无使节目孤露。"因此,汉字结构多见"穿插""向背""相让""黏合""救应"等结构(潘运告,1997:13-15)。例如,"宁"的上部"宀"一旦写出,就会牵动下部的出现与其应合;"作"的左边"亻"会引发右边。这样,当一个汉字写完时,就有上下、左右的呼应感和结构感,这就是欧阳询《八诀》中提到的"上称下载,东映西带"。

由于十分关注对立现象,中国传统思维习惯从联系的角度而非以单一或者主干的形式来理解事物或把握世界,这实际是对相关性问题的深刻思考,其意义或价值主要体现在对绝对或独断的理论或思想予以破除。因此,在判断问题上,中国传统思维主要不是沿着属性方向发展起来的,而是沿着关系,特别是同构关系方向发展起来的。换言之,中国传统思维中最典型的逻辑判断形式不是对事物的性质有所确定,而是对同构关系等有所确定,以此为基础思考因果关系。并且,由于因果问题所具有的关系特征,中国传统思维发展起来的逻辑既有与推理相结合的,又有与同构关系相结合的。例如,作为中国古代文学的一种形式,对联蕴含着相互独立、相互依存的辩证思维的色彩。中国古代文人对对子的精妙之处就是能够根据上联的内容,把同类的、相关的或者相对的概念并列起来,整副对联字数相等,结构相同,平仄相对,内容对称,上下联在维持自身语义独立性的同时,又建构起整副对联完整的语义。

在对"类"的思考方面,中国传统思维主要发展起来了类比与类推,以横向运动为主要特征,即以某一事物比拟另一事物,由一类事物推另一类事物，而不是沿着种属关系作纵向运动发展起来的逻辑推理。而且中国传统思维在对"类"的思考过程中，对"同异"问题做了更为全面和完整的思考，具体表现在大量的区分或划分形式上。这一形式的产生既是原始采集活动中分辨分类的结果，也是与此相关的复杂多样现象长期观察的结果。由于识别、区分被发展得十分充分，中国在传统思维中发展起来了以结构划分和解析为特征的方法。这种方法显然与西方逻辑思维那种主要是对形体结构、语法结构的分析是有所区别的。简言之，中国传统思维的方法是沿着探寻差异性或多样性因素发展起来的（吾淳，1998：239）。

进而，中国传统思维中的逻辑具有综合思维的特征，而现象的二元结构和复杂性质是综合思维方法产生的前提。综合思维是一种多元的思维模式，具体表现在一种全面完整审视与处理问题的思维习惯。而无论是推断、比类，还是辩证思考、整体观照，或是分析、综合，又都离不开"概念"这一逻辑思维形式。中国传统思维中的概念系统并不专注于事物本质特征的提取以及外延的确定，而是将注意力放在概念内涵的多样性、灵活性以及对应性。要准确把握概念的内涵，则需要在直观体验中，运用比较、区别、连接、建构等，发挥丰富的想象力，达到对事物本质特征的洞见。

总之，汉语表达中直觉发挥着主导作用，汉语表达往往不会"循规蹈矩"，而是十分灵活。一个名词，一个概念，在同一个章节中，往往表示不同的含义而不加以适当的解释（张岱年，1991：13）。换言之，汉语表达往往不以准确的命名、单一的对应和是非判断为标准和路径，而是由文字作为引入，营造出新的理解视野，显现为既非"纯无"，亦非"纯有"；不特别重视以性质为核心的直言命题或判断，而是介于两者之间过渡带的演绎形态。例如，《道德经》五千字无一不在"道"其所不可道，言其所不可言。只不过，这种"道"不是以逻辑思维中常采用的下定义的方式道其所道，而是通过"言"对"道"中之意的体悟。

2.3.2 英语中的直觉与逻辑

西方人讲的直觉与中国文化背景下的直觉还是存在一定的差异。具体说来，直觉的英语表达为"intuition"，该词来源于拉丁文"intuitio"，意为"凝视"。在哲学领域,"直觉"往往被认为是"心灵无须感觉刺激之助,无须先行推理或讨论,就能看见或直接领悟真理的天生能力"(布宁、余纪元,2001:520),是指"看见"不证自明的真理("seeing" self-evident truths)(Pollock,1974:319)。实际上,对于什么是直觉,西方哲学界并未有明确的定论。美国学者厄内斯特·索萨(Ernest Sosa)认为不应该将直觉等同于知觉模型,直觉也不应该仅仅被视为语言能力或者概念能力的产物。直觉是对某一命题理解的释放,它能够引导推断行为或者理论构思行为的发生。因而,直觉能够发挥理性的作用,具有认识论的价值。抑或理性意味着我们至少能够抓住一些独立于心智以外的实体的本质(Booth,2014:3)。目前,基本达成的共识是:直觉是非推理性的,或者至少说是没有明显的推理之处。它缺少传统西方哲学所信奉的"理",即作为一切知识存在的根据。而清晰的言语表达通常对应某个理性的来源(rational base),如果这个来源模糊不清,即无法形成因果关系,也就不具备证据性。因此,在西方哲学界,直觉的真实性和知识性一直以来饱受争议。甚至有学者指出:"当哲学家无力再去论证时,往往会诉诸直觉"(Liao,2008:247–262),或是依靠某种关于命题真假的、直接的、自发的直觉判断(Nichols et al.,2003:227–247)。

英语中的直觉被普遍认为是对具体语言的措辞及使用方式做出即时性的判断,是一种模糊的"前判断"能力,其关注的焦点不是语言运用本身,且不同于语言能力,而是作用于语言背后,监控和修正语言的选择,使言语的输出具有可接受性。因此,英语中的直觉常被认为是元语言范畴的概念,在无形之中引导和控制心智按照一定的潜在模式选择与输出句法(Maynes & Gross,2013:714)。例如,英语中有大量的间接言语指令行为(indirect speech acts)。间接言语指令行为通常用于"请求"和"命令"。从一般意义上说,"命令"和"请求"是用来指挥某一行为的发生。例如,"Pass the salt."(把盐递给我。)、"Give me the information."(把消息告诉我。),甚至可以用更为明显的指示语:"I request that you pass the salt."(我要求你把盐递给我。)、"I hereby command you to give me the information."(我命令你把消息告诉我。)。但是,这样的表达往往被认为是措辞笨拙且没有礼貌。因而,上述表达通常是不可接受的。西方人在类似情景下通常会采用间接的表达方式，如"Can you pass the salt?""Could you give me the information?"，或者使用具有主观倾向性的陈述句句式，例如，"I would like you to pass me the salt.""I hope you are able to give me the information."。对"命令"和"请求"的回复，尤其是否定回复往往亦是间接的，在回答"No"之前，通常会加"sorry""unfortunately"等。事实上，间接言语指令行为可以分成两种：惯例型和对话型。前者通常是一些习语或者固定的句式，后者则由具体的对话语境决定。然而，根据语言学研究中纯粹的不变主义者（pure invariantism）的观点，即使语境发生变化，直觉作用下的句法选择倾向性也不会发生变化，因而并没有纯粹意义上的对话型间接言语指令行为，其中必然混合了惯例型间接言语指向行为（Turri，2014：165–586）。这就意味着言语的真值很有可能与它所处的情境无关，亦与言说内容无关，而是与言语背后的直觉的先验性有关。也就是说，不论情境如何变化，始终有不变的规则来引导和规范语言的输出。

可见，不同于汉语中的直觉，英语中的直觉具有一定程度的概念化、模式化的特征，直觉判断具有倾向性特征。它不是"无根可寻"，而是"有根为证"。直觉具有与事实之间强大的模式连接，这是由直觉中包含具有决定性意义的概念所决定的。这种连接使得人们易于采用正确的直觉对事物做出正确的判断，当然也有可能采取错误的直觉对事物做出错误的判断。但是，不论对与错，都和已存在于主体中的概念有关（Bealer，1996：2）。换言之，它依旧是西方人发达的逻辑思维的产物。

英语中的逻辑体现了形式逻辑的主要特征，即概念、判断、推理这三点一线的关系，是一种主要沿着性质或本质方向发展起来的纵向逻辑。具体说来，英语表达的目的在于对逻辑学说中的直言命题做出论断。所谓直言命题就是指直接陈述对象有无某种性质的命题，其具体现象或形式就是"是什么"或"不是什么"，即肯定命题或否定命题。而"是什么"的问题实际上涉及概念问题，要给出清晰准确的概念需要依赖定义。与此同时，"是什么"问题与推理也密切相关。当将两个相关的命题结合在一起使用时，便有可能推出新的命题，这对于知识的扩张具有重要意义。

由此，英语表达中所包含的概念与推理之间的问题，必然要涉及对一事物在其类中的准确定位，也就是在经验基础上形成对个别事物典型性的认识，进而在众多个别事物中形成经验的共享，并从中找到事物存在必不可少的那个特征，这一过程需要将认识对象从周围环境中分离出来，暂时舍弃相关的条件或制约因素，在不变的条件下加以研究，尽可能将各方面特征分解开来，分别加以辨析，以抽丝剥茧的方式逐渐获得对认识对象抽象且唯一的概念性的认识。

此外，在语法方面，逻辑思维显现在英语的语法范畴和价值之中。从古希腊开始，语言与逻辑就在互为依存的关系中共同发展，逻辑的显现依赖或利用语法的形式与方法。具体表现在：首先，语法形式决定了一个具体的词与句子整体的关系。例如，英语中有些词本来就是名词兼形容词的意义或动词的意义，因为它们指称的内容是独立的物体、性质或行为。当它们在语词间的关系中获得语法标记，且这些语法标记本身隶属于一定的逻辑范畴，在整个语言体系中，每一形式概念都必须发展出所有其他的形式概念，利用语法手段使概念重新获得被确定的形式，同时夺走其普遍性（威廉·冯·洪堡特，2011）。其次，关于任何对象的述说都可以从本质，或者从等量角度展开对这一对象具体的述说内容，与逻辑范畴相对应的是各种品词。例如，名词相当于本质，数量相当于量，形容词或起着形容词作用的语言形式相当于质。关系狭义地可归结为比较的级别；空间和时间可归结为副词；状况、动作、遭受是一些和动词的各种形式相应的逻辑范畴（吾淳，1998）。最后，英语表达得清晰、准确、有序是逻辑思维同一律、矛盾律和排中律的表现。英语表达实际上是对两个概念之间一致或不一致关系的断言，每个逻辑判断可以看作是公式，在是与否之间不存在中间地带。这种论断是沿着推理论证的方向发展起来的，必然与某种观点或思想相结合。

简言之，英语中的逻辑发展起来的是一种合理组织观点或准确阐述思想的能力。语言与思维的相关性决定了逻辑思维对客观事物精确且有序的追求不可避免地导致对思维过程也有相应的要求。在英语表达中显现为非此即彼的肯定或者否定判断。因此，既非"纯无"，亦非"纯有"的英语表达，对于英语母语者而言，是模棱两可、难以接受的。

2.3.3　汉英互译中的认识路径转换

正是因为对汉语和英语言说方式的不同理解，使得汉语重直觉、英语重逻辑。那么，要实现英语表达准确且达意，汉语母语者在表述事物的状态和属性时，需要从习惯运用直觉的路径转换成习惯运用逻辑的路径；在理解英语表达时，需要从运用逻辑的路径转换为运用直觉的路径。具体说来：从习惯运用直觉的路径转换成习惯运用逻辑的途径，汉语母语者需要利用较为固定的方法与规则来进行思考，因此必然具有一定的过程性。也正是通过这样一种过程，一步步地获得知识，并最终诉诸概念、符号与语言形式，建立起完整的体系，清晰地呈现事物的本质和规律性。这就意味着在将汉语中的某种观念和想法换成用英语表达时，汉语母语音者先要明确言说的对象，即将主体（主语）从言说的背景中抽离出来，作为英语语句建构的核心，居于英语语句结构中的首要位置，谓语和宾语都应该围绕着主语展开，其具体形式要与主语保持一致。

其次，逻辑思维的路径强调不同成分之间要遵循严格的规则建构起完整的结构，因此，英语语句结构中的各个成分之间的建构有很强的规则性，不像汉语语句结构那样的灵活。同时，英语主谓宾结构的目的是要揭示事物的本质特征，通常居于较为复杂的英语语句的核心位置，而状语和补语是对事物本质特征的进一步说明或者说一种限定，通常处于句尾的位置。但是，这并不意味着它们不重要，相反，状语和补语这样的成分通常是对事物本质特征在何种条件下成立的必要说明。从习惯运用直觉的途径转换成习惯运用逻辑的途径，需要对相关成分进行拆解和重组，而要表达清楚事物本质特征离不开对其成立条件的说明和限定。

再次，汉语直觉思维影响下的英语表达常常给人以模棱两可的感觉，对于英语母语者而言，很难把握其真实的含义。因此，从习惯运用直觉的途径转换成习惯运用逻辑的途径，要求汉语母语者在英语表达时能够以下定义的方式，将言说对象的性质、属性或者特征清晰地呈现出来。中国人经常讲的"言之有物"，对英语表达而言，更多地体现为明确具体的言说对象，通过遵循较为固定的语句建构原则将言说内容中所蕴含的事物本质特征突显出来，避免在判断和推理上出现相对性、歧义性和模糊性。

从运用逻辑的路径转换为运用直觉的路径，就是要充分发挥直觉思维注重关系这一显著特征。由于直觉思维具有知情意相贯通的特点，而"情"的因素在整合"知"与"意"的方面有特殊的作用。人们平常所谓的对某事物"留下了深刻印象"，对某事件"感慨不已"，对某种经历"体验至深"等，都是传统范畴意义上的"情"在起作用。与知情意相关联的"情"不仅是理智约束的对象，也是调整和引导理智的对象。这是一种深沉的情感，是需要长期生活积淀而成的。杜甫在《登高》一诗中写道："万里悲秋常作客，百年多病独登台。艰难苦恨繁霜鬓，潦倒新停浊酒杯。"这里的"悲""苦""恨"的滋味是诗人长期哀愁病哭的体验酿成的。在直觉思维活动中，"情"所涉及的"知"，包括个人积累的经验性知识、他人传授的体验性知识和历史上流传下来的书本知识或口头知识。"情"所涉及的"意"，包括对他人的意向、学问中的意思和文艺欣赏中的意境的体验。知情意在未分化状态下整合起来，实际上是对世间各层次的"象"的全方位理解，是在少有先入为主之见干扰的情况下对外部世界的充分而深入的反映（王前，2021）。

所以，在中国文化里，"合情"常常比"合理"显得更为重要，中国人习惯说"合情合理"，"情"在前，"理"在后。体现在汉语表达首先注重"语境"的营造。"语境"实际上就是语言表达的"情境"，"语境"的营造是将事物内部各要素之间以及对象事物与周围环境之间的整体性关系呈现出来，形成对事物的整体认识。

此外，英语母语者以规则建构语句，习惯把语义直截了当地表述出来。这种思维路径形成的表达习惯对汉语母语者来说显得较为突兀。因此，从运用逻辑的路径转换为运用直觉的路径，汉语学习者需要根据表达内容所处的环境和背景因素，在分析其对语义可能产生的影响的基础上，以意会的方式表达观点和想法。这不仅要求汉语学习者要掌握汉语基本的语句结构，而且要熟知中西方文化差异，能够巧妙地运用成语典故，以及一些约定俗成的表达方式。简言之，不拘泥于固有的语法规则，在掌握相关背景因素的基础上，做到通权达变。

最后需要指出的是，直觉与逻辑并非绝对对立，而是可以相互连接、相互贯通的，这是运用直觉的路径与运用逻辑的路径相互转换的前提。直觉通常与原创性概念相连接，对事物本质的认识实现飞跃往往都是直觉发挥"四两拨千斤"的作用；而逻辑分析使得直观体验的结果更加清晰明了，易于掌握，推动思维活动进一步向前发展。可见，直觉与逻辑实际上是处于相互补充的状态，只不过在不同文化背景下，各自发挥着不同的显性或者隐性作用。正如贝奈戴托·克罗齐（Benedetto Croce）说："概念在一方面虽不是直觉，在另一方面却仍是直觉"（克罗齐，1983：29）。

2.4 意会与建构

在知识理解和表达方面，汉英思维模式的差异具体体现为"强调意会"与"强调建构"的差别。"意会"强调通过直接体验把握事物的本质或特征，不能用语言完全表达出来。在语言创造的意境中，经过提炼与扬弃，达到前所未有的领悟，从而实现认识上的飞跃。英语则是建构起完整的对现实的反映体系（或者说一种结构）。因此，英语中的同一和差异是形式化的，是由结构层次来界定的，对具体事物的言说不可能摆脱对严格性的遵循。

2.4.1 汉语中的意会

从词源学上看，"意"总是与"情"联系在一起，表现为由情而生的意念和情感趋向，即平常所说的情意。如《礼记·大学疏》所言："总包万虑谓之心，为情所意念谓之意。""意，心所无虑也"，"意"属于非理性范畴，表现为人本能的自然流露；或者是表现为本能地被激发和升华（王树人、喻柏林，1996：260）。"会"表示领会、理解，如心领神会。"意会"需要在亲身体验中加以领会，因为通过直接体验把握到的事物的本质或特征不可能用言语完全表达出来（王前，2005：74-75），也就是《易传》上讲的"书不尽言，言不尽意"，庄子讲的"言者所以在意，得意而忘言"，以及《道德经》中的"言意之辩"都是指言语与蕴含在言语中的意义的关系。

"意会"是指整体性一般，并非以论题的形式被明确地把握，它强调理解和认识的情境性。中国古人强调"言之无文，行而不远"，而要做到这一点，古人习惯通过诗词、寓言等形式，不诉诸语义上的推理和论证，而是借以意境的营造，使意向和意境得以在语用上实现（张再林，2004：111）。例如，老子把"道"描述为"道之为物，惟恍惟惚。惚兮恍兮，其中有象；恍兮惚兮，其中有物。窈兮冥兮，其中有精，其精甚真，其中有信"，就是说，"道"对于人，若明若暗，若有若无，难以用语言文字规定。中国古人喜用诗化的手法来解释深刻的道理，虽没有理性论述或逻辑规定来得清楚明了，但与逻辑规定所揭示的内容相比，它显得更丰富，也更能启发人的智慧联想。所以，"意会"本身是一种理解上的超越，在语言创造的意境中，经过提炼与扬弃，达到前所未有的顿悟，从而实现认识上的飞跃。

汉语中"意会"具体表现为"不著一字，尽得风流"。"不著一字"并非指不写一字，而是说：一要体会诗中所用的字不能表达出的韵味；二要对诗中的字的含义亦需超越文字去体会。读诗不能局限于文字，即"诗无达诂"。同时，诗的创作虽然不能离开文字，但诗人同样要能够创造"象外之意"和"韵外之致"，充分发挥文字的象征性、暗示性。"不著一字，尽得风流"恰恰是指这种象征与暗示的无限性，使人展开广阔无垠的思维时空（王树人、喻柏林，1996：272）。"意会"是"尽得风流"最终结果，在直观体验中体味"意"的妙处，达到人们常说的"心领神会""意犹未尽"的自由境界中。这种境界首先是一个共享的视角，但也与个人的视角有关。在马丁·海德格尔看来，共享的视角是一种与他人相关的存在，通过与他人共享的不同视角转换来理解事物，使理解成为可能，最终实现对共享世界约定式的理解。而这种共享世界又同时存在于个人的心境中。心境决定了我们在共享世界中的个人视角，即个人以何种方式去看待和理解共享世界，并在"意会"的情境中保持着理解的开放性（赵乐静，2011：73），中国人常说的"仁者见仁，智者见智"意思就在此。

2.4.2 英语中的建构

与在"交融"中体味汉语营造出的意境不同，英语则是要与现实"划清界限",从而使现实清晰显现,划分的结果就是在英语语言中建构起完整的对现实的反映体系或者结构。根据结构主义的观点,语词用来对现实事物进行识别并予以区分,建立了对现实的认知结构,把现实的"模糊不清"以语言的形式确定下来。正如索绪尔(Saussure)所言:"若不是通过语词表达,我们的思想只是一团不定型的、模糊不清的浑然之物……在语言出现之前,一切都是模糊不清的"(索绪尔,2011:157)。可见,英语中建构的含义就是把现实赋予结构化的特征,像雅克·拉康(Jacques Lacan)所说"语言之外无结构"(陈嘉映,2010:76),从而使现实能够显现出来。

而结构就是"若干相互紧密相连的现象所形成的整体或系统,其中各个现象之间都存在着一定关系,并依赖于这种关系而存在"(涂纪亮,2007:298)。具体表现在,英语中的同一和差异是形式化的,是由结构层次来界定的,对具体事物的言说不可能摆脱对严格性的遵循。这种严格性体现在一些必然关系的表达,在其应用的每一阶段都以各种形式受到制约。它们的必然性不是单纯的和单义的,而是存在着作为一种语义的或审美秩序中的不变项的必然性,它表示着它们所介入的一组变换系统的特性,而这些变换的数目并不是无限的(克洛德·列维-斯特劳斯,2014)。

英语中的结构有三个明显的特征:整体性、可转换性和自身调节性。就整体性而言,英语中的建构同时也是解构的过程。不管是建构还是解构,都不可避免地对其结构内部成分或者要素进行切分。切分的结果是,语句结构中每个语词都有其对应的功能名称,即句子的成分,它们在语句结构中各司其职,在其共同作用下完成对语句的整体建构。而不同句子成分的确定取决于其在整个语句中的位置及其发挥的作用,即对被切分所得的直接组成成分之间在语法上是什么样的关系进行"定性",也就是索绪尔(2011)讲的"价值"。这一特点与克洛德·列维-斯特劳斯(Claude Levi-Strauss)结构主义方法论特征相符合。后者认为世界是有机的结构,由各种关系构成,而承载这些关系的是多个不同的要素,在任何既定的情境里,某个要素的本质就其本身而言是没有意义的,它的意义事实上由它和既定情境中其他要素的关系所决定(王立志,2009:23);当某个要素发生变化时,都会引发其他要素的变化(佘碧平,2009:7)。换言之,英语语句结构具有"牵一发而动全身"的整体性特点。

可转换性特征是指任何结构中的各个部分都可以按一定规律相互替换或转换。一切已知的结构，从人称转换、句式转换，或者时态和语态转换，都呈现出体系化的转换模式。英语语言体系正是依赖转换规律的作用来保持自身的守恒，并不断充实自身。然而，这意味着英语结构并不是一个静止不动的整体，而是一个不断变化的整体。如让·皮亚杰（Jean Piaget）所言："从结构这一术语的现代含义来说，'结构'就是要成为一个若干'转换'的体系，而不是某个静止的'形式'"（皮亚杰，1984：306）。因此，英语结构中的整体守恒并非与其组成部分的变化相矛盾，相反，其结构的整体性需要通过结构中各个部分之间的协调性、一致性才得以表现出来。

英语结构的第三个特征是自身调节性，主要是指结构中发生的一系列转换都是在结构内部进行的，不会超出它的领域之外，而且由转换产生的新因素也总是属于这个结构，并遵守那些支配这个转换系统的规则。因为"结构本身有界限，只要是在结构内的因素就不会超出结构的边界，而只会产生属于这个结构并保存该结构的规律的成分"。（皮亚杰，1984：8）这就意味着英语结构的自身调节性具有守恒性和封闭性的特征。前者表现为任何英语结构都能通过自身调节来保持其稳定性，它本身就是一个按一定规律进行自我调节以保持稳定的体系。英语结构的封闭性表现为结构在变换中总是保持它原有的界限，在理解英语结构时无须求助任何外界因素，只需掌握基础且根本的建构原则即可。然而，英语结构的封闭性只是相对的，不是绝对的，因为一个结构可以加入另一个较大的结构之中，而成为后者的一个子结构。例如，当一个简单句融入一个从句结构中，这个简单句的结构并没有因此而失去它原有的界限，依然保持自身的守恒性与稳定性。这就是说，结构一方面保持自身的相对独立性，另一方面又可以与另一个较大的结构结成联盟，从而丰富自身的结构与内容。

总之，英语中的建构依赖结构的严格性，因而，可以较为准确地分析英语的结构层次由哪些部分组成，它们为何会结合在一起，以何种方式结合在一起并相互作用、相互影响，这些都体现了英语表达在建构过程中的逻辑必然性,这种逻辑必然性是克洛德·列维-斯特劳斯所说的"超越经验"的"深远实在"(王善钧,1985:21),是"投射"与现实背后的"普遍性"和稳定关系,它在千变万化的语句建构中发挥着建筑师的作用。

2.4.3 立象尽意与意向性的反差

在理解意会和建构的关系方面,有一个问题需要专门予以讨论,这就是汉语中的"立象尽意"与英语中的"意向性"的反差。"意向性"是现代西方现象学着重研究的范畴,看上去与"立象尽意"形态很接近,但实际上有着重要的差别。

首先,立象尽意与意向性的反差体现为源发的意境与先验的结构之间的反差。立象尽意是直觉思维或者说直观体验更高层次的表现,它是对言语的超越,以获得言外之意为目的。立象尽意中的"象"是物态之象和属性之象,是普通人能够比较容易体验到的。但是,立象尽意的目的是要"得意忘象",意思是人们"得意"(本原之象)和"得道"(规律之象)之后可以忘却具体之象,因为具体之象此时已凝结成或浓缩进"意象"和"道象"之中。要把握"意象"和"道象",体验"意象"和"道象"中都有的"可意会而不可言传"的东西并非易事,需要以物态之象和属性之象为基础。但对物态之象和属性之象的体验"可能还是零散的、局部的,甚至可能是彼此矛盾的。要寻求认识对象的本质特征和规律性,必须把零散的、局部的体验逐步整合起来,反复比较,然后才能形成一个完整的意象"(王前,2005:75)。不管是哪个层次的"象"都处在未被提前设定的、开放的境遇中,具有明显的原发性特征,在动态的意境中"得意"和"得道"。

而"意向性"在现代西方现象学的研究范畴中,不是我们一般意义上理解的意图、企图,而是指认识主体与认识对象之间的意识关系,即我们经验和认知活动都是"关于某事物或别的事物的意识"。在逻辑分析的框架里,认识对象是从认识背景上孤立出来被加以认识的,舍弃了与周围事物和环境条件的各种联系,以至于人们常常孤立地看待它们,忽视了它们与其他事物有关的特性,特别是与不在场的、隐蔽的事物之间的联系。而现象学力图恢复这种联系,从在场的事物走向不在场的事物,从显性的事物走向隐蔽的事物（王前，2021：139）。因此，意向性活动需要一种超验的思维框架，需要有"前述谓""前判断""前对象化"这些潜在的预备性的东西。早在弗朗兹·布伦塔诺（Franz Brentano）那里，意向性就已经具有内在和分层的特征，埃德蒙德·胡塞尔对其进行改造后，将意向性的内在构成性特点呈现出来。意向性本身不仅是封闭了的内在，那个内在里面一定有发生、有涌现、有奔涌。世界被看作是一个一个的结构、一个一个的图形，并在这种意义上将对象加以辨别。知觉就是被构造出来的，是一个完整的结构。"任何一个意识都是有关一个对象的意识，任何一个意识对象都是由某种意识活动所提交的，意识活动与意识对象相互需要，缺一不可"（王前，2017：163）。所以，意向性就是这两个层面（呈现的意指的活动与被意指的对象的层面）封闭的、稳定的、有多种联系交织的先验结构。

其次，立象尽意与意向性的反差体现为言外之意与言中之意的反差。立象尽意的关键是把握"象"的根本的关联方式，在无言的体验中实现对事物本质属性的认识。实际上，中国古人很早就发现，语言的作用除了使思想情感得以交流和传递，同时具有遮蔽或异化的负面作用。这就意味着，通过直接体验把握到的事物的本质属性或特征有一些不可能用言语完全表达出来。那么，如何克服语言的遮蔽或异化的问题？以庄子为例，他力图弱化语言的判断、推理、论辩的作用，试图从寓言、重言、卮言的非逻辑方面，即"言外之意""象外之音"等意义上，借助比喻、暗示和象征等手段来激发想象力，以意境引导读者进入"得意忘象"的境界，从而发现语言背后的深层含义，揭示事物的本质特征（尚杰，2010：162）。简言之，立象尽意通过长期的体验，使自身的知情意与外部世界充分协调，"从心所欲而不逾矩"。这是一种主客体交融的和谐境界，类似马丁·海德格尔所说的"上手"状态，即维持在悬而未决的境域之中的显示。

而意向性的构成包括实项的"对象"和意向活动两部分。"实项的'对象'本身还不是意向对象，它只是参与意向性活动中的感觉材料。意向性活动的功能在于把它激活，并且统握它们"（张祥龙，2011：64）。例如，看到一个杯子，实项的对象参与"看"的过程，"看"这个意向活动激活了关于"杯子"的实项"对象"。意向活动和实项的"对象"共同作用，相互激发构成了对"杯子"的认识。在埃德蒙德·胡塞尔那里，意向活动一定要去激活和统握感觉材料，由此产生并构成意向的对象。所以，意向对象对于感觉材料是超越的，但它是一种合法的、内在的超越。不管如何超越，意向对象始终都无法摆脱与它"有关"的所有的实项内容，而关于某事物有所言说的行为就是规定其身处的范畴。它就是那种把某个对象加以联结，把句法引入我们所经验到的东西之中的意向活动。同时，意向性是高度差异化的，存在着不同种类的意向，例如，知觉性意向活动和图像性意向活动，它们与不同种类的对象相关联。对这些意向性进行归类和区分，也就是对其所关联的特定种类的对象进行归类和区分（罗伯特·索科拉夫斯基，2011）。因此，对于意向性的讨论始终是在范畴直观高度上的考量，追求的是"言中之意"，而未能实现立象尽意那样通过"言外之意"实现对事物本质规律的揭示。

2.5 变通与规定

在思维方法方面，汉语思维模式表现为"注重变通"，而英语思维模式表现为"注重规定"。灵活变通的方法论建立在"象"的含义的基础上，强调事物的可变性，即随着背景和前提条件的变化而变化。这一理论模式在语言层面上表现为利用"言"本身的象征性隐藏"意"的清晰性，让人们在境遇中去体会"意"到底是什么。而严守规定是在"变"中发现"不变"路径，从认识论角度体现了逻辑思维的特征，从方法论角度寻找人们应普遍严格遵循的规则。在英语表达中，严格的规定性表现为语义精准，而语义精准又是依靠于结构和形式的完美以及完备的形式标记和固定的语法规则，以下定义的形式对一个概念的内涵和外延给予准确的限定，最终完成对思想的准确反映。

2.5.1 汉语中变通的表征与模式

中国传统文化以灵活变通为方法论特征，有着深厚的思想基础。在自然经济相对稳定发展的时代，社会结构和人们的日常生活都保持着大体相同的模式，形成较为稳定的循环。人们需要在稳定中不断探寻自然界和人类社会变化不居的方面，从中获得变革和改造世界的动力，因而对世间万物的变化有着深刻的理解。例如，《易经》的一个重要含义就是"变化之经典"，它是从直觉角度出发对世界变化发展总体规律和演化模式的认识成果。其中，"变化者，进退之象也"，"一阖一辟谓之变，往来不穷谓之通"，都是在讲事物发展到了尽头被称为"穷尽"，"穷尽"产生的变化才能让事物之间保持顺畅的关系，从而不断地延续下去。因此，"变通"通常被认为是为了实现持续的发展而进行的变革，就是所谓"穷变通久"（王前，2005：115）。

1. 汉语中变通的表现主要体现为语用通达

"变通"在汉语中主要体现其表达的合目的性，也就是以"用"为纲。所谓合目的性，是指人们的主要活动或行为都以现实需要为目的，并普遍接受这一目的的制约（吾淳，1998：142）。这就意味着汉语表达具有较强的实用性和倾向性。例如，不同于英语句子结构的严格要求，不管多么繁杂的句子都可以凝练成最基本的主谓结构，汉语的句子结构则显得更为灵活多变。周振甫的《文心雕龙注释》对"句"的意义的解释是："句有两义：一就是语气言，语义为未完语义可停是句；二就是语义言，语义完足是句。"在《诗经·关雎》中："关关雎鸠，在河之洲。窈窕淑女，君子好逑。"就语义言来说是两句，就语气言来说是四句。古人将一章分为四句，说明以语气为句，即"位言曰句"，也就是按照语气停顿来分句。后来，白话文代替文言文，句子的结构虽然发生了很多重要的变化，但"句"的"神"没有变，仍有语气句和语义句之分，只不过，前者在现代汉语中被称为"小句"，后者被笼统地称为"句子"（徐通锵，2008：126）。这种"句子"大多由若干个小句连缀而成，它的实质相当于现代汉语中的语篇，属于语用范畴。可见，汉语虽有句的概念，但不是汉语的一种基本结构单位，因而没有英语语句基本结构单位所具备的现成性、离散性和存在于英语社团中的心理现实性的特点（徐通锵，2008：97）。

此外，中国古人讲究"识文断字"，"因字而生句"，也就是现代汉语中的句读和修辞。"句读"中的"句"相当于"语义言"，能表达一个完整的意思，而"读"则是语义未完而在语音上可以作短暂停顿的结构单位，相当于"语气言"。在《法华文句记》卷一中记载:"凡经文语绝处谓之句,语未绝而点之以便诵咏,谓之读。"所谓"语绝处"就是对事件的话题的叙述告一段落,语义上呈现出相对的完整性。找到了"语绝处",也就是找到句子。而具体应该在哪里断句,主要取决于说话人对意义的理解,有较强的主观性。也就是说,汉语表达提供了开放的空间,对其解读也必然呈现出灵活变通的特点。而修辞比句子更凸显汉语表达中的变通。修辞实际上是组字成句的艺术,讲究"死字活用",目的在于使语句更有效地传递说话人想要表达的语义。而其"活"的特点体现在汉语修辞的规律不是单纯依照语法规则,而是涉及语音、语义、语法等语言结构的各个层面的因素,考量如何进行比喻、映衬等。"因字生句"有多种多样的选择可能,富有弹性,没有非此即彼的答案,衡量标准也不是唯一的(徐通锵,2008:98-99)。

简言之,汉语中的变通主要表现在重语用,以语言表达顺畅为主要目的,也就是追求语言表达的应用价值,即是否实现言语行为的客观效果。汉语表达弱化句子结构的规定性,将言说的重点放在思想内容。在表达思想内容时,放弃了诸多附加于表达的东西,如英语中词形的变化、时态的变化等,使人们可以把握概念之间纯粹的关系。虽以语言包裹思想,却尽可能不为语言所累,不诉诸语言本身的特性。《墨子·非乐上》中讲:"(言)不足以举行而常之,是荡口也。"《韩非子·问辩》中讲:"夫言行者,以功用为之的彀者也",都是在强调不能实行不见实效的言论,言说的目的在于"用"。

2. 汉语中变通的模式为象征性

中国传统文化中灵活变通的方法论建立在"象"的含义基础上,强调事物的两面性,如果背景和前提条件发生变化,即使是聚焦相同的事物,也可能做出相反的判断。如《道德经》中有"福兮祸所倚,祸兮福所伏""曲则全,枉则直";《孙子兵法》中有"知己知彼,百战不殆""无恃其不来,恃吾有以待之;无恃其不攻,恃吾有所不可攻也"等,都涉及对立统一、相反相成、发展变化的多个方面。

这一理论模式在语言层面表现为,既然不能轻易地对事物做出定论,那不妨利用"言"本身的象征性去隐藏"意"的清晰性,让人们在境遇中去体会"意"到底是什么。利科(Paul Ricoeur)认为:"语言的神奇性正是在于:语言是利用象征的特性玩弄'指明—隐藏'的双重方向的运动的魔术——语言在'指明'时就包含了一种新的'隐藏',而在'隐藏'时又包含了再次指明的可能性"(高宣扬,1989:158)。所以,中国古典诗词和寓言的特色之一就是象征性。黑格尔曾提到:"东方诗人爱用具体的图像和暗喻的方式使人兴起对所写对象之外与其本身有联系的东西的兴趣,也就是说把人引导到另一境域,即内容本身的显现或别的相近现象。"只不过,在黑格尔看来,诗背后的境域指的是理念、概念,而中国诗词所隐藏的是具体的、深远的意境(张世英,2014:193-194)。其中,有以单个的语词为象征的,例如,以梅花象征人的气节,不与世俗同流合污;以衰草象征荒凉、离别;以鸿雁象征思乡。也有以全诗为象征的,如柳宗元的《江雪》:"千山鸟飞绝,万径人踪灭。孤舟蓑笠翁,独钓寒江雪。"全诗写的是实景实情,然而这些富有象征性和暗喻性的语言却指向广袤无垠、万籁俱寂的背景,形象地反映了作者贬谪永州以后不甘屈从而又倍感孤独的心理状态,让读者心领神会。无论是古人还是今人,拥有共同的文化背景,生活于古今一体的境界中,所以即便是今人也能体味诗中深远的意境,领会其中蕴含的浓厚的直观体验,有助于认识和把握事物之间的有机联系和相互转化,正所谓"言约旨远"。

按照"以诗言志"的观点,语言和思想之间存在着同一性。透过"言","志"可以得到复现。不管是鲜明或是隐晦,是用赋的手法还是比兴的表达,诗歌作品一定蕴藏着作者的思想。因此,对读者而言,只有遵循"文辞"与"章句",才能发掘作品的"意",从而最终理解作者的"志"。司马光在《薛密学田诗集序》说:"声画之美者无如文,文之精者无如诗。诗者,志之所之也。然则观其诗,其人之心可见矣。"(司马光,2010:1363)。

2.5.2 英语中规定的表征与模式

西方文化传统注重严守规定的特征,这与工商贸易活动一直比较发达有着密切的关系。因为市场经济总是复杂多变的，买卖双方总是处于不断流动更新之中。加上地中海沿岸及远洋贸易大都经由海路，风云变幻，偶然因素很多，所以使人感到世界总是在变化之中，而"变"中的"不变"显得尤为可贵。为了寻找"变"中的"不变"路径，需要从认识论和方法论角度发展逻辑思维；而另一条路径，则是寻找人们应普遍严格遵循的规章制度，其主要表现之一就是注重知识领域的严格规定性（王前，2005：141）。

1. 英语中规定的表现：语义精准

在英语表达中，西方传统中严格的规定性表现为语义精准，而语义精准又是依靠结构和形式的完美及完备的形式标记来实现，最终完成对思想的准确反映。追溯到古希腊时代，人们对事物属性与本质"是什么"的孜孜追求，形成主谓宾这一最基本的结构。换言之，主谓宾结构句式忠实地反映了西方人思想的呈现形式。也就是说，它是属性问题与本质问题的语词化身（吾淳，1998：351）。思想的内容被毫无保留地附加在语言上，也正是通过这种做法突出所要表达内容。与此同时，语言由此获得了某种特性，或者说种种限定关系。无论其如何千变万化，始终万变不离其宗，此处的"宗"就是其自身的规定性，具体表现如下。

英语语义的精准通过语法范畴来实现。与其他拼音文字一样，英语语法分为词源和句法两部分（威廉·冯·洪堡特，2011：138）。首先，英语语法范畴是一些带有一定语法特性的词的类别。根据黏附于词的标记、词在句子中的位置，或是句子的结构关系来辨识这样的类别。换言之，英语语法是建立在分类基础之上，不依赖于上下文就可以识辨出词的基本范畴和形式。通过排列词语的顺序表达思想，排列的顺序与要表达的思想需保持绝对的一致，才能实现对思想准确的表达。具体来说，一方面，排列顺序确定了词与词之间的关系；另一方面，它搭建起词与思想之间统一的关系。当把这些关系从具体言说内容中抽离出来，便获得语法范畴。这意味着，通过分析被转化为语词的思想，可以演绎出语法形式。洪堡特指出："通过这样的方式分析出来的语法形式，其实是人们观念或者精神本来就有的，或者说是预存在大脑中的，人们的语言表达能力是出自本能地服从这些强大规律。"(威廉·冯·洪堡特，2011：201）其次，英语语法范畴与句子所表达的命题的统一性有密切的关系。因为正是语法范畴起着说明词与命题之间统一性关系的作用。对英语语法范畴领悟得越清晰、越精确，命题的统一性就越明确。英语句子越长、越复杂，词与词之间的关系就越丰富。英语细致地区分语法范畴首先是由构造复杂的复合长句的倾向性决定的，即倾向于对每一个论断通过综合的方式，联系到一个已经存在的概念上。这个存在的概念就好比是一个数学公式，复杂的数学公式都是由无数极简的数学公式变化或叠加而成，语言表达的复杂性必然要求数学公式般的复杂性。然而，这并不意味着英语语义没有模糊性，相反，它实际上是在模糊性和清晰性之间找到了一个非常好的融合点，来消除或减少模糊性。就像"一个画家靠颜色深浅变化组合比一个镶嵌工靠各式各样瓷砖能做到更精确地描绘，熟练地利用模糊性比精确的技术术语能达到更准确的效果"（蒯因，2012：129）。尤其在处理线性话语时，模糊性的作用更是不容小觑的。例如，在"Tom is a teacher who has been working in our school for five years."一句中，如果把"Tom is a teacher."简称为 A，"who has been working in our school for five years"则简称为 B。A 的表达是比较模糊的，它只能泛泛地说明对象的职业。因此，要更翔实地说明对象，B 的出现是必要的。也就是说，因为 A 本身的模糊性，使得 B 的存在有了必要性。如果 A 的真值受其包含的语词"teacher"模糊性的影响，而且 A 确实很重要，那么，A 的模糊性实际上在语言内部产生某种压力，迫使言说者引进新的言说内容去消除有关部分的相关性，实现语义精确性。因此，英语语义不是没有模糊性，而是以模糊性引发出更多的线性说明，从而保持与言说主题的一致性。

简言之，语法是西方人将语言当作对象研究的结果，它被视作表达思想的工具，其所针对的不是语言本身，而是一种具有必然性和严格普遍性的先验的态度。在这种态度的指引下，在具体言说行为发生之前，语法就被视为与逻辑一样的"事先的规则系统"，存在于语言和思想之外。作为一种"先天知识"，它统辖着具体的言说行为，使得千变万化的思想内容按照统一方式呈现出来。

2. 英语中规定的模式：下定义

西方人注重沿种属方向把握本质特征，其目的就是要对一个概念的内涵和外延给予准确的限定，最典型的方式就是下定义。苏格拉底（Socrates）是最早对定义进行探讨的人，主要是对伦理概念下定义，认为下定义方法的合理之处在于强调对概念的限定或分析。柏拉图则进一步将下定义的方法推进到对概念种属关系的分析，而这正是亚里士多德"属加种差"定义形式的先导。亚里士多德的《辩论篇》（On Sophistical Refutations）对概念定义的思考包括两个方面：首先，他最早提出了定义的"属加种差"逻辑结构，将"类"视之为属，而将类所包含的子类或个体视之为种，不同子类或个体之间的差异即是种差。定义的方法就是"把定义者置于属内，然后再加上种差"，其结果是被定义的事物必然属于某一类；同时，种差体现了它与同类事物之间的差异性。其次，亚里士多德认为概念必须是关于事物或对象本质的规定。这就意味着，只有当一个语词能够揭示事物或对象的本质时，它才能被称为概念，否则它就只能被称为语词。而这样一种性质必须要在定义中被反映出来。在亚里士多德看来，"定义是表明事物本质的语词"（蒯因，2012：129）。例如，在"The flower is white."中，"white"本身并不具有任何本质规定性，因此，也就不可能具有定义或概念意义。只有被用于描述事物具有的某一特征时，它才能超越简单语义的外壳，实现对某一概念的表达。

再如，在西方文化里，"德"的完整意思应诠释为"道德"，该词源于拉丁文的"moralis"，根据《西方哲学英汉对照词典》（Dictionary of Western Philosophy: English-Chinese, 2001）的解释："Being moral concerns human actions, which can be evaluated, as good or bad and right or wrong. These actions are in our power and we can be held responsible for them. If a person's actions conform to rules of what is morally right, he is said to be moral. If he violates them, he is immoral or morally wrong. Conflicts can arise between socially accepted rules of morality and rules determined by reason and individual conscience."。在上述定义中，"有道德的"首先被定义为"能够评价好、坏、对、错的人类行为——这些是人所能够支配和负责的。因此，如果一个人的行为符合道德上的正确原则，他就被认为是有道德的"，用以说明"道德"是什么

(林巍，2009：33)。进而，"如果违反这些原则，他就是不道德的，或者在道德上是错误的"。而"社会所接受的道德原则与由理性所确立的规则及个人良知之间可能会发生冲突"，用以说明判断"有道德"行为的复杂性。该定义是在"是"与"否"中，实现词语价值与概念的相得益彰。索绪尔认为："它们不是积极地丰富自身的内容，而是消极地由它们在系统中与其他要素的关系确定的。它们最确切的特征是它们不是别的东西"(索绪尔，2011：176–177)。因而，语词只有与其他语词比较时才具有意义。

简言之，在亚里士多德看来，定义的任务就是表明"某物究竟是什么"，否则便是无效的。可见，亚里士多德关于定义的思想核心在于制定定义的规则，定义项与被定义项的外延应当正好契合；定义的表达必须清楚明了，不能含糊其辞；被定义者不能定义其自身，且通常情况下不用与被定义者对立的事物对被定义者进行界定；事物本质的唯一性决定了定义的唯一性（阿·谢·阿贺曼诺夫，1985：163）。英语表达习惯通过下定义的方式对言说对象进行界定。当说"A 是 B"的时候，不仅是发现 A 和 B 之间的共同点，而且是对支配两者的关系的性质做出识别。这种识别不是任意的，而是按照语法规则，或者说在"受制于"语法规则（词根、后缀、前缀、词序等相同或相似）的情况下，对言说对象有条理分类的结果。

2.5.3 变通与规定的矛盾与协调

1. 变通与规定的矛盾

西方人严守规定的思维模式建立在逻辑分析的基础之上，注重词形和语法。英语语词系统十分严格且规范，强调句子结构或成分的完整性及秩序性。要表达一个清晰合理的思想不是像汉语那样依靠意境的营造，而是要遵循严格的词形和句法规则。因此，在面对汉语这样一种没有明显词形标记、句法灵活多变的语言时，习惯了利用概念的普遍模式去解决具体问题的西方人，很难把握汉语的言说套路。例如，汉语以字为单位，每个字都用来直接表达概念，而不指明语法关系。即使在一个封闭的句子里，都处于一种纯粹的状态。具体表现在：在汉语的语法体系里，没有拼音文字的屈折动词。如果套用西方语法理论，认为汉语中没有动词，当然过于极端。较为可以接受的说法是,汉语中是有动词性概念的表达,它以类似英语中动词不定式的形式出现,不受时间状语的左右。这对于习惯于根据要素的语法形式将句子的要素组织起来,以指示语法形式来区分时间概念的西方人来说是比较困难的。这种困难不仅是由语言形式之间的迥异产生的,更多的是因在概念层面产生的矛盾或者说概念层面上无法得到满足而产生。

而汉语变通的结果是注重语用和意境,这就产生汉语语言系统的另一个特征——简约性。简约性说明汉语"重意略形""偏用轻法"的倾向,追求言简意赅、词约义丰。此外,汉语习惯把每个字当作独立的对象来处理,一字一义,因此汉语属于一种孤立语。语词的性质表现为"字"与"义"相对,"义"的变化由词序变化予以显示。汉字能表达各种意义和微妙的情感,都离不开汉字可以千变万化的特定词序(王树人、喻柏林,1996:24)。而对句子的切分是非常主观的,只在概念绝对需要的场合才把字词联系起来,句子的终止可以借助某些尾助词(如"了、啦、吧"等),但在句子终止明显的地方,却经常见不到这样的语助词。

而英语属于综合语,具有诸多词形变化规则,一个语词包含两个或两个以上的意义,其中复合意义只用语词的形式变化,即通过词尾或词根的变化来显示,而没有分析成为各个意义相对应的独立语词。词与词之间存在牵制关系,结构繁杂,可以像分析数学公式一样按照规律分解语言。这对于英语初学者而言,时常感觉举步维艰,从词性、词形,到时态、语态及各种各样的从句,处处都是"关卡"。同样以动词为例,在英语中,动词被认为是一个命题中必须表达出语法关系的联系成分,这实际上就是把定语用到主语上面,把主语看作一个存在者或以某种方式行动的行为者。英语母语者深深地感受到这样一种张力,在表达时,必然将它表达出来并把一个标记添加到动词性概念上面(主谓一致),指出这个概念是一种存在或真实的行为,并与时间概念始终保持着一致性。英语中的动词被视为一个表示某种存在或行为方式的清晰概念,因而,作为存在或行为的明确表达在句子中出现。而汉语中主语与谓语的关系常常不需要通过屈折词来表示。如前文所述,汉语句子的特点是主随谓动,谓之所指才是句子要表达的真实含义。语言形式本身不需要被附加任何形式。因此,不管是主语还是谓语，或者句子中的其他成分，都不是汉语言说的重点，而是在其共同作用下建构起的语境才是关键，因为言说者要表达的"意"隐藏其中。

总之，西方人把自己所言说的语言看作一个与真实世界相类似，但又独立存在的世界，显现在语言层面，就是清晰的语法范畴。而对世界本原的不断追问，使其言说方式必然是自觉的，以揭示言说对象本质为目标。而汉语在一个相对自然的环境中生成与发展，具有较大的自然度，没有形成一种以逻辑的方式探寻语言知识的传统，这一点就与古希腊哲学形成鲜明对比。后者对理论的探寻与专注，为包括英语在内的拼音文字的非自然进程奠定了基础，为英语语言系统的建构提供必要的理论支持。而中国古人在"天人合一"的思想驱动下，始终以实现"物我两忘"为目标，通过提高语言的简约和精练程度，不断扩充语言表达的容量，使得语言背后的意蕴回味无穷。

2. 变通与规定的协调

灵活与规定在思想方法上的区别是明确的，但在实际应用中又往往相互依存、相互影响、相互制约，并且在一定条件下相互转化。这种转化并非易事，原因在于语言的言说方式存在于人的精神之中，它为精神提供了把词组织起来以表达和构成观念的方法。所有学习或研究外语的人，形象地说，就像是用他们自己装东西的现成的箱柜，对外语的成分一一做了归类。但是，这种解释的方式获得的言说方式往往不能等同于实际存在的语法（威廉·冯·洪堡特，2011：145）。因此，灵活与规定在思想方法之间的转换不能是文字之间的机械转换，而是思维模式的转换。

实际上，汉语并非在任何情况下都强调灵活变通，有些语法要求的严格规定性还是相当明显的。而英语虽然有严格的语法规则，但很多用法亦是较为灵活。例如，汉语当中的"不"字，英语中通常用"not"表示。在汉语中，"不"可以与动词、形容词、介词连用，但一般不与名词连用。而在英语中，"not"的使用较为灵活，可以与名词、动词、形容词、介词连用，亦可用"never""merely""seldom"替换，表达相同或相似的含义。再如，汉语中名词不能与否定词相叠提问，类似"学生不学生？"的表达在对汉语母语者而言是无法理解和接受的，而类似"student or not student?"在英语表达中是可以接受的。简言之，与西方文化相比较，中国传统文化以灵活变通的方法论为核心。但并不是毫无条件地灵活变通，而是在一定范围内，以严格的规定性作为前提和条件。同样，西方传统文化在方法论上以严守规定为特征，也是相对于中国文化而言。严守规定也不能摒弃灵活变通，否则有可能产生僵化、刻板、机械的语用问题。

不能否认的是灵活变通能够弥补逻辑分析的局限，帮助人们认识和把握事物之间的有机联系，促进创造性概念和方法的形成和应用，同时，有助于避免事物发展出现过犹不及的情况。在语言应用层面，灵活变通的思维模式能够帮助人们较为全面地把握语言的使用，并根据具体语境，对语言的使用做到活学活用。此外，灵活变通的思维模式有助于人们摆脱已有的僵化的认知模式的束缚，积极参与到对外部世界的认识过程中，充分发挥主观能动性，充分调动目的语学习的积极性，广泛地掌握目的语的不同用法以及相关的知识，从而实现对目的语较为深入的理解。

诚然，规定也有其重要的价值。首先，严守规定能够帮助汉语母语者对英语这样规则性极强的语言有深入的理解和较好的掌握。其次，严守规定有助于树立规范的语言使用观念，建立正确的语言使用规则，保证语言使用的正确性和规范性。然而，语言的使用本身是灵活多变的，伴有大量约定俗成的表达。如果只关注语言的规则，而忽略其灵活性，以及灵活性背后所隐藏的文化因素、思维特征等关键问题，就很难在两种语言之间实现自由转换。总之，变通和规定都有其各自的文化特征，两者有各自的适用范围。没有变通的"规定"是教条，没有规定的"变通"则成为诡辩。

2.6 本章小结

本章通过"关系与实体""取象与抽象""直观与逻辑""意会与建构""变通与规定"这五对哲学范畴，对汉英思维模式的特征进行深入辨析。而汉英思维模式差异产生的根本原因在于中西哲学理念的不同，两者差异性的关键问题在于以"取象"为主的中国传统思维模式与以"抽象"为主的西方传统思维模式之间的差异。前者是在整体直觉中把握事物的共性，体现为汉语对事物内在关系的突出，强调在意境中体悟事物的本质特征;后者是通过逻辑分析取舍事物属性,揭示其本质属性,体现为英语实体突出的表达习惯,通过严格的建构原则表达出清晰准确的语意。在揭示汉英思维模式差异及其产生的根源之后,下一章将继续深入探究汉英互译中思维模式差异产生的冲突,为汉英思维模式之间的调适提供理论基础和分析路径。

第3章

汉英互译中的思维模式冲突

在汉英互译实践中,受语言迁移、理解障碍及视域演变等因素的影响,译者可能会忽略思维模式差异的存在,将母语中的思维模式不自觉地渗透到对目的语的理解和表达中去,这就容易引发不同思维模式之间的冲突。本章运用认知语言学、哲学诠释学的理论与方法,揭示汉英思维模式在对客观世界认知过程中所表现出的差异性及其产生的思维背景因素,深入解析汉英互译中思维模式冲突产生的根本原因。

3.1 语言迁移引发的思维模式冲突

语言迁移是认知语言学和二语习得领域经常会提及的概念。而翻译可以被简单地理解为双语转换的过程,在翻译实践中,不可避免地会受到语言迁移的困扰,只不过程度不同而已。语言迁移涉及的问题较多,本节将从其特点、与思维模式的关系、影响语言迁移的因素等方面对其进行较为深入的解析,揭示语言迁移何以引发汉英思维模式的冲突。

3.1.1 语言迁移的含义及特点

语言迁移,也称"语际影响"或"跨语言影响",目前尚未有统一的定义。特伦斯·奥德林(Terence Odlin)将其定义为目的语和其他任何已经习得(和可能尚未完全习得)的语言之间的共性或差异性所造成的影响(Odlin,1989:27)。斯科特·贾维斯(Scott Jarvis)和阿内塔·帕伦考(Aneta Pavlenkor)提出,语言迁移是一种语言知识对另一种语言知识使用产生的影响。从广义上讲,语言迁移被划分为语言层迁移和概念层迁移。前者关注语言形式与结构之间的关系,包括语法、语句、语篇、词汇、语用等;后者关注思维方式与意义表达的跨语言差异和影响(Jarvis &

Pavlenkor，2008：61，22-23）。语言层迁移和概念迁移存在着紧密的联系，前者是后者发生的前提，后者是从更深层次研究前者发生的原因以及规律（蔡金亭、李佳，2016：6）。近些年，随着语言迁移研究的不断深入，概念迁移被认为是语言迁移发生的根源所在。语言背景不同，表述事物、性质、关系等的概念方式就会不同；语言的使用不仅受到文字外在形式及结构的限制，而且受到认知系统以及感知、激励、概念化的影响；双语者及多语者使用某一种语言时，表现出受到其习得的其他语言所包含的概念知识和思维模式的影响（Jarvis，2011：1）。简言之，概念迁移从根源上关乎言说者目的语表达的方式，以及对目的语的诠释（Jarvis，2015：32），并最终影响理解的程度，这也是它为何常常会成为误解和误读产生的原因。

概念迁移的特点在于：第一，它是概念表征系统加工的结果。人们并非将所经历到的"如实"地表达出来，而是通过概念表征系统对经验进行"加工"，这一"加工"的过程就是概念化的过程，进而形成概念意义。概念意义包含了人类在心智中表征经验的方式（Bylund & Athanasopoulos，2014：952-985）。这种经验可能是真实的，也可能是想象的，语言在此时发挥着有效地传输概念意义的作用。但是，即使是人们亲身体验到的，由于体验形成的概念表征也不是对事实的如实写照，而是概念表征系统加工的产物。因为，语言交流使得他人能够生动地体验在他们身上并未发生的事情。然而，即使人们亲身体验到的，由于体验形成的概念表征亦不是对事实的客观写照。因此，接踵而至的概念表征在如下两个重要方面与事实存在着迥异：首先，人们看到以及经历到的，在感觉加工过程中以自下而上的（或基于数据）方式被简化和减少。这是由于记忆中能够输入、加工和储存感觉体验的类型和数量受到心理及生理的限制；其次，感觉信息在自下而上的处理过程中能够被心智成功地捕捉到，并在自上而下的（或基于知识）的感觉信息处理过程中转型。一个人已有的知识在概念表征体系中由于刺激、情境或事件中包含的信息会不断扩充，即使这些信息并没有客观地呈现其实际目睹到的内容（Jarvis，2016：610-611）。

第二，概念迁移呈现动态模式化特点。具体说来，概念迁移离不开概念表征系统，因为后者包含了双语者已有的知识结构、文化背景、言说习惯等，这些都为经验加工提供了必不可少的模板。值得注意的是，概念表征系统并非一成不变,它会随着经验的增加,不断地、自发地做出调整而日渐复杂。贾维斯认为:"语言产生于概念化,它是一种信息的启动,可以被理解为个人概念表征的激活,并融入更大、更复杂的概念表征体系中,反映了言说者渴望与他人交流的内容"(Jarvis,2015:32)。这就说明,概念迁移本身就是概念化的过程,也就必然具有模式化的特征,而这一模式来源于其原有的概念表征体系,后者时刻处于建构中。而建构产生的契机在于不断地接受来自外部的刺激,对原有的概念体系产生不同程度的冲击。

根据语言相对论的观点,言说的内容不能使其超越语言所规定的范畴去思考。一个人言说的内容使得知识的影响强加在经验表征之上。经验到的事物既不是对经验的客观呈现,也不可能在语言缺席的情况下被观察者发现。经验到的事物,包括数字、性别、时态、语态等统统需要语言显现。因此,学习一种外语实际上就是学习新的思维模式。人们使用语言的模式常常反映思维的语言特性(language-specific way of thinking),一种语言的使用经历能够促成一种认知和概念倾向的形成,这种倾向反过来会影响或作用于其在其他语言的体验方式(Pavlenko,2014:8–80)。也就是说,语言学习和环境的改变,经常会伴随认知倾向和知觉偏差的变化。因而,与语言迁移相关的现象反映认知和概念的倾向性,它受到个体特殊的语言背景的限制。从习得某种语言的初始阶段开始,概念表征系统内部会发生两种或多种思维模式的摩擦和冲突,而且具有多发性、持续性的特点。由此,对于习得两种或多种语言的人来说,在表达和理解一种语言时,必然有某种思维模式的痕迹。

第三,概念迁移具有可预见性的特点。虽然概念迁移在不断地变化,大脑中的概念体系也处在动态建构中,但是,这并不意味着大脑中的概念体系是不可预知的。相反,大脑具有成熟的假设测试机制(hypothesis-testing mechanism),其功能在于不断地对从外部世界获取的感觉输入进行预测,并将预测中产生的误差最小化(Hohwy,2013:1)。心智本身具有预测性,我们对世界的知觉体验产生于我们预测当下感觉输入的过程中,心智对这些假设时刻进行测试。意识知觉、自我本性和关于个人心智世界的知识位于对感觉输入进行预测的中心,它们之间的相互作用使得我们可以准确地把握外部世界,优化不断输入的感觉信息。更为根本的是,我们知觉到的内容最终不是根植于我们做什么或者想什么,而是我们对世界以及与其互动的体验,自我体验和行动都牢牢地与世界联系在一起,并隐藏在感觉输入的背后。人就好比是由因果关系构成的世界上的齿轮,在信息流动中不停地转动。"虽然,外部世界确实存在,知识和行为也是随意地将我们与它联系起来,但是,知识、行动以及对存在有意识的体验仅是内部的事情"(Metzinger,2009:23)。换言之,知觉不是直接地由自下而上的外部世界感觉输入所决定的,而是间接地被心智加工后的产物。然而,这一加工过程中,总是被先前的信念、大脑中繁杂的信息、来自外部世界诸多不确定的感觉刺激,以及大脑急切且有效地去除预测误差等因素控制。

简言之,存在于心智中的概念体系本身具有"先有"的特征,在语言概念迁移的过程中,"先有"的特征是无法被摈弃的。相反,它必然复制在另一种语言的概念体系上,影响后者的显现形式。实际上,在20世纪90年代,以丹·斯洛宾(Dan Slobin)为代表的学者就已经提出,语言的特殊影响在语言加工之前便已开始,母语不同的言说者在准备将其思想转化为语言时,以不同的方式重新组织或者概念化自己的思想(Slobin,1991:7-75)。

3.1.2 思维模式对语言迁移的影响

在语言迁移过程中,虽然语言发生变化,但是,基于母语的思维模式并未停止其功效。具体地说,人们常常会被基于母语的思维模式误导,把母语的语法范畴引入所体验到的事物之中,也就是说,从经验到概念的建构,母语思维模式一直在发挥作用。由此导致从最开始各种目的语感知的分化到简单连续地对某个目的语特征的关注,再到部分特征在整体中最终被凸显,所形成的联结和范畴标记都显露着母语思维的特征,从而在目的语的表达中铸就了一种基于母语思维的范畴意向。究其原因,语言迁移仅仅是在语言层发生迁移或者说转换,而对应的概念层并没有随之发生根本性的变化。更为直接地说,母语思维中的概念系统与目的语思维中的概念系统之间并未建立起调适的通道。在这种情况下,只能借助母语的概念系统去建构目的语的意义。

例如，汉语中的"心"字常常被直接对应为英语中的"heart"一词。而汉语常说的"过马路小心""小心脚下"中的"心"绝非英语中"heart"的含义。实际上，中国人在使用"心"时并不会刻意去了解其中的含义，更多的是将其视为一种约定俗成的表达。中医所说的"心"并不等同于解剖学意义上的心脏，而是一个功能模型，指的是主宰整个高级中枢系统神经活动的功能器官。古代某些学者认为"心"具有认知功能，与心脏无关。《礼记·大学疏》中讲："总包万虑谓之心。"孟子讲："仁义礼智根于心。"《医宗金鉴》上讲："形之精粹处名心。"王明阳讲得更明确："心不是一块肉，凡知觉处便是心。"因此，"心"在中国文化中是思维的器官，它与知情意紧密相关。所以，"过马路小心"用英语表达通常为"watch the car"，因为"watch"一词通常指看某物或某人一段时间，并就正在发生的事件给予关注，符合过马路这一情境的要求（Sinclair, 1995：1885）；"小心脚下"通常译为"mind the step"，因为"mind"是一种较为礼貌的方式让某人做某事或者警告某人避免伤害，有关心和善意提醒之意（Sinclair, 1995：1054），有明显的情感关注，颇似中国人讲的"心"。

另外一个较为突出的现象是，当母语与目的语语法系统出现某一方面的相同或相似，常常产生一种思维定势，或者说是一种思维惰性，同样可能诱发对目的语概念范畴的错误划分。具体表现在直接将与目的语语法结构相同或相似的母语语法概念范畴套用在目的语意义的建构上，在盲目采用一种语法对应关系的同时，忽略目的语的表达习惯、文化因素、背景知识等。例如，汉英陈述句结构都遵循一定的规律并存在相似之处。汉语陈述句多见为主谓宾结构，英语陈述句的基本结构为主语＋谓语动词＋宾语或主语＋系动词＋表语。因此，对中国学生来说掌握英语陈述句的基本结构并非难事，但是很容易出现英语表达不地道的问题。例如，在用英语表达"我的记忆力很差"时，很多中国学生习惯地说成"My memory is very poor."。此种表达虽无语法错误且可以接受，但是有明显汉语思维的痕迹，其言说方式不符合西方人的言说习惯，即英语表达不地道现象（姜孟、周清，2015：43–49）。实际上，在表达类似消极意义时，西方人常采用隐喻，例如，上文中的"我的记忆力很差"可以译为"My memory can not serve me well."。再如,中西方人对"死"都比较忌讳,在汉英语言中有许多与"死"有关的委婉表达。在汉语中,有"仙逝""驾鹤西去"等表达;英语中有"pass away""lose the battle with a disease"等。但是,很多汉语母语者在表达"死"的含义时,只会用"die"一词,常常让人感觉唐突或不敬。虽然汉英语言在句法结构上有相同或相似之处,但是,这并不意味着在翻译过程中,我们仅仅考虑语句结构是否符合语法规则就可以了。因为,在掌握英语基本的句法结构基础之上,还应具备更高一级的语言表达能力,即基于"隐喻思维"的表达(将在3.4节进行详细论述)。运用隐喻进行交流是本族语者的根本特征,也是衡量外语学习者外语水平的重要标志(Danesi,1992:489)。

如果从认知语言学的视角去解析上述思维模式对语言迁移的影响,其实都是二语学习者中介语发展必然要经历的阶段,是中介语尚不完善,或者说不发达的结果。作为认知语言学研究热点之一,中介语既可以指二语学习者学习过程的某一阶段中认知目的语的方式和结果的特征系统,即一种特定、具体的中介语言,也可以指反映所有二语学习者在第二语言习得的整个过程中认知发生和发展的特征性系统,即一种普遍、抽象的中介语语言体系。它是二语学习者独特的语言体系,这个语言体系在结构上处于本族语与目的语的中间状态,这种处于中间状态的语言系统随着语言学习者学习的发展,逐渐向目的语的正确形式靠拢(Selinker,1972:209–290)。

因此,中介语反映的是认知主体对目的语语法(包括词汇和句法)不断范畴化的过程,也是目的语语法被范畴化的显现。尤其在中介语形成的初始阶段,目的语概念匮乏,母语概念在范畴化的过程中通常发挥着主导作用。随着目的语学习的推进,目的语概念的不断涌入,母语概念与目的语概念之间的平衡状态会被打破,中介语体系范畴化的特征会越来越复杂。根据认知心理学的观点,范畴化首先应该是根据经验对外部事件的范畴区分。范畴化是人们对无穷的事物根据一定特征进行组合归类的认知方式,具有普遍性特征(杨连瑞,2015:215)。认知主体对目的语语法的界定奠基在范畴意向中所发生的对于整体和部分的联结的基础之上,向范畴领域的转变与此前正在发生的经验之间是非连续性的。这就意味着当进入范畴领域时,便中断了对先前诸多目标语语法现象知觉的连续性,在一个新的认知层面上重新开始,开创了新的同一性层面。在这个新的同一性层面中,被标记的语法特征是"一",是一种"统一性"。它是对众多目的语语法现象知觉中的同一性提升的结果。它更加离散,更加可以认定它可以脱离知觉的直接性而独立存在。而范畴对象的确立是一种构造,而非创造,也不是把各种主观形式强加于实在。在现象学那里,"构造"一个范畴对象意味着使它显露,联结它,展示它,实现它的真理。中介语的构造过程是对众多目的语对象归属范畴进行断言,这就需要目的语必须显露出能够使学习者注意到的某些方面。这一过程本身是一种对两方面(认知主体的意识与被意识的目的语对象)有效地一气呵成的纯构成关系。这意味着认知主体对目的语对象的意识不只是强调意识有构成某个语法范畴的能力,它同时隐含了只能在目的语的意向中构成对目的语意识本身的意思,它是一种认知主体与目的语对象在境域中相互引发的关系。

总之,语言迁移是非常复杂的认知现象,它表征了外语学习和对语言加工过程中认知发生和发展的特征。由于目的语概念、知识、体验的匮乏等诸多因素,基于母语的思维模式或多或少都会作用其中,进而影响对目的语对象归属范畴的断言。这意味着认知主体对目的语对象的意识不只是强调意识有构成某个目的语语法范畴的能力,它同时隐含了基于母语的思维范畴对目的语意识的构成影响。

3.1.3 影响语言迁移的具体因素

语言迁移受诸多因素影响。本节重点探讨文字差异和文化认知差异对汉英语言迁移的影响。

在汉英文字差异方面,汉字比英文笔画更丰富,功能更强大。汉字由笔画组成,呈现非线性的特征,且具有丰富的空间。汉字有构意(指事、象形、会意等)和现代语音(形声字一半)的功能。而且,汉字笔画的结合和组合方式千变万化,汉字笔画本身就具备一定的含义,如"一"和"乙",汉字笔画组合既构意(如"人""从""众"),又构音(如"楠""侨")。汉字在构字方面有一种很强的内在动态冲动和构造空间。在构字的过程中,偏旁部首之间可能相互吸引,也可能相互排斥,参差左右，里面包含无数氤氲曲折。如"女"字，本身就是字，与不同的字组合，其意思就会有很大的差别，且褒贬不一。许慎的汉字"六书"构字法，以"指事"为首，因为"指事者，视而可识，察而可见"，有直接显意性，而象形、形声、会意、专注、假借都在其次（张祥龙，2011b：454–455）。此外，汉字构形受语法影响不大，汉语虽然有语法化的历程（如实字虚化），但没有采用语缀之类的形式对语汇单位进行语法化的改造，而是从同类中抽象出共同的概念性语义要素，并从已有的字中选择某一个字表示，然后将它和语义相关的字组合，生成字组（徐通锵，2008：141）。因此，最初的汉字不是表音的，也不分析词中成素的发音，而是表意的象形文字，即一个符号标示整个词的意义而不标示读音（高本汉，2010：18）。

一直以来，在西方学界以米歇尔·福柯（Michel Foucault）为代表的一派学者从西方文化的视角审视汉字，提出汉字作为书写文字表示那些全然不顾时间变化的事物本身的外在形体，因此，汉字和埃及文字一样是透明的，根本不具有本体论意义。这一观点实际上是将汉字视为逻各斯中心主义以外发展起来的文明产物，汉语也自然成为与西方文化全然不同的语言体系。而以法国汉学家亨利·柯迪厄（Henri Cordier）为代表的另一派学者认为，汉语并非图画式的语言，它是关于事物概念的符号。其实，早在柯迪厄之前，彼得·庞梭（Peter Du Ponceau）就已经提出汉字是"一个逻辑象形的书写系统"，汉语口语表达可以通过多种方式、不同层次来实现。因此，与西方拼音文字相比，汉字把整个词的发音变为可见的形式（张隆溪，2005：33–34）。洪堡特指出在基于中国象形文字建立起来的字符系统中，字符之间是依靠概念而不是语音联系在一起的，因此，汉字字符是概念的标志，而非语音的标志（威廉·冯·洪堡特，1999：56）。而英语没有汉语构字的阴阳构势，以字母为基本单元，字母以能够较为方便地体现语音为目的，所以其笔画相当简单，一个单词由一些字母按线型排列组成。就笔画的组合方式而言，英语字母明显较为单一，笔画少且紧密相连，没有很强的空间感（张祥龙，2011b：455）。而且，字母用来表音和组成英语单词，本身所代表的单音一般也无意义。英语采用派生构词法扩大编码的范围，用语法化的前缀、后缀等对词根的意义进行限制，也就是对词汇单位进行改造，将其纳入特定的语法体系，而不是从语汇单位中抽象出共同的概念性语义要素。

此外，汉语是非屈折语，英语是屈折语，抑或称为屈折语和分析语的结合（高本汉，2010：17）。汉语没有形式上的变化，汉字意义不饱和的构意趋势完全依靠语境来完形成意。一个字可以是一个句子，也可以是名词词组。句子中字的顺序（例如，"马上""上马"）、句子的阴阳对仗（例如，风声雨声读书声声声入耳，家事国事天下事事事关心）等都实质性地参与意义和句子的构成，无须标点符号，因为语境本身就有自己的构意节奏。这就意味着，单个汉字物理形式的对象性被大大淡化，在语境中，汉字参与建构句子意义的构成，自身的意义同时也在被构成，并不断地被语境化、篇章化。从宏观意义上说，字与语境之间的关系是"个体—整体"之间的相互性与协调性的关系。在整体中把握个体的美是中国文化一直以来所蕴含的审美观。而英语的词形会随词性、词类、单复数、语态、人称、时态等改变，也正是由于对词形的依赖，使得英语中的词独立性较强，对语境的依赖远不及汉语。换而言之，英语单词和句子物理形式的独立性和对象性很强，而语境的融入能力较于汉语并不是那么强，因此，对标点符号有较强的依赖性，因为语境本身很难决定句子应在何处停顿，语意价值的孤立化与个体化特征特别明显。

在19世纪早期，洪堡特有一个很有名的论断，即"每一种语言里都包含着一个独特的世界观"。这种世界观是自发形成的。从一出生起，人就进入一个现成的语言网络中，在潜移默化中学会一种独特的语言世界观，形成从一个特定的视角去观察现实的路径。新洪堡特学派代表人物莱奥·魏斯格贝尔（Leo Weisgerber）对洪堡特的语言世界观做了进一步的发展，提出语言世界观具有"主观性"和"片面性"。具体说来，语言是现实的编码体系，现实通常可以归为空间与时间两大类。前者表现为名物的大小、高低、宽窄、厚薄、聚散、离合等状态，特点是有形和离散；后者表现为名物生、老、病、死的变化和名物的位移过程，呈现连续和无形的状态。一般而言，语言中的名词和动词分别与现实的空间和时间相对应，形容词所表现出来的性状融于空间与时间之中（徐通锵，2008：72）。作为典型的象形文字，汉语重直觉，编码体系重空间的名物，因为名物大多是具体、离散而有形的，可以称为临摹取象的凭据。而作为拼音文字的英语，是以组合理据为编码基础的语言，其认知现实的途径偏重时间，难以直接把握对象的特点，因而需要假设、演绎和推理。简言之，汉语的编码偏重体现空间的名物，而英语偏重体现时间的行为动作，语言结构以动词为中心。语言基本结构单位的派生取向具体地反映了这种语言世界观的"主观性"和"片面性"。

在汉英文化认知差异方面，语言迁移是思维模式改造的过程。由于学习者的心理状态总是涉及个性化的经验，对这些思维模式的描述必然不能是同一的。个性经验存在的文化土壤塑造了其具有文化特征的认知模式。文化本身是一个过程，它发生在人类认知过程中。"只有呈现认知目标在日常生活中的达成模式，才能弄清文化如何融入认知过程，以及认知又是如何嵌入到文化当中"（哈钦斯，2010：216）。从认知动力学的视角看，认知是一系列耦合的连续变异的变量持续相互作用涌现的结果，而不是相继离散的变化。耦合是表征之间发生关联的重要因素，当一个特定的主体在和外部表征发生持续的相互耦合关系时，这个主体就与这些表征形成了一个延伸的认知系统。人们开始掌握这些外部表征，并且掌握规定着它们在认知任务中的操作和实践规则，使这些外部的常见来源成为认知系统的一部分。文化刻画了系统的认知过程并允许分析单元的边界超越个体的界限，从而使个体成为复杂文化环境的一个要素（于小涵、盛晓明，2016：15–58）。正如著名文化人类学家克里福德·吉尔兹所言："人类通过将自身置于象征性的中介程序中来生产人工物，组织社会生活，或者表达情感"（Greertz，1973：48）。因此，文化模式与认知范畴的解构和理解密切相关（杨连瑞，2015：216），突出表现为汉英词汇概念的阐释有着明显的文化取向性。以方位概念为例，西方人学习汉语的过程中很难理解为什么是"上厕所""下厨房"，而不能说"下厕所""上厨房"，原因在于中西方位概念理解的差异。汉语的方位概念有着深厚的文化内涵，东方（东方日出）为尊，西方（西方日落）为卑；南方为尊（南为阳），北方为卑（北为阴）（常敬宇，2009：27）。古代房屋建筑中厕所为污秽之处，通常在北面；厨房是煮食之处，一般在南面。上北下南，所以"上厕所""下厨房"成为中国人习惯的表达方式。

此外，文化认知还涉及人与自然的关系，以及使用不同语言的人所持有的不同的世界观及精神生活的方方面面。以"天"为例，中西方文化对其的解释存在较大差异。在中国文化中，"天"具备双重概念，即"神"和"自然"，而且两个概念是一体的，因而才有"天道""天理"或"天命"等说法。当"天"的概念与"人"结合在一起，"神"的成分发挥主导作用，就成了"圣人"，"人"也就具有了神圣性，一种精神上的高层次，即儒家讲的"天人合一"；如果"天"的概念里"自然"的成分发挥主导作用，就是道家讲的"真人"（邓晓芒，2013：119）。再如，人们生活在"天下"，时时感受到天与地对应，体验着"天上"与"人间"的反差。对天空的神秘和敬畏引导着中国古代先民的思路，使他们不断地思索天与地、天与人的关系。这种思考兴趣与中国古代农耕文化的发达有关，人们要"靠天吃饭"，古人常以"祭天"的形式，向上天祈求风调雨顺，丰衣足食。"天"与"人"之间的紧密联系使得"天"被赋予人格化的特征，这是作为中国传统范畴的"天"的独特之处，其意蕴最丰富、最有启发性。中国古代文字最初多为象形字。甲骨文的"天"字，像正面站着的"人"形（王前，2021：2）。而所谓人格化的"天"，其实就是把"天"尽可能想象成为具有人的某些特征，或者说一个超人，即民间百姓所谓的"老天爷"。而"天人合一"就这四个字的构成来看，实际上是在强调自然与文化、人的经验之间密不可分的关系。人是受文化的陶冶才可以成仁，成仁的生活才可称为文化资源，才能使人成仁有可能（安乐哲，2017：173）。

与中国思想文化中"天"的范畴形成鲜明对比的是，西方文化特别关注的是太阳和地球的关系，琢磨着太阳绕着地球转还是地球绕着太阳转，却没有赋予"天"更多的含义。从希腊神话里，可以看出"人""神""自然"的分化。例如，奥林匹克神系是代表精神生活的新神，泰坦神族是代表自然的旧神，而新神是从旧神里脱离出来的，意味着神从自然界中脱离出来，并凌驾于自然之上。虽然《圣经》中将"天"解释为"天上要有光体，可以分昼夜，作记号，定节令，并要发光在天空，普照在地上"，也指"神"或"上帝"的居所（林巍，2009：44）。但是，纵观西方文化发展历程，"人""神""自然"整体呈现为界限分明的三元结构。古希腊早期的自然哲学对"自然"的理解大体上也具有这样的特点,但后来在抽象思维和工具理性的不断作用下,"自然"逐渐成为人们思考、实验和改造的对象,其自在本性逐渐被人们忽略。现在的人们时常把"自然"等同于外部的物质世界,成为"大自然",看作是一个现成的、对象化的、与人的主观世界相对立的东西,是人类运用科学技术知识揭示出来的存在物(王前,2021:2)。

因此,对"天"的理解与翻译要谨慎,不可一概而论。在英语里,与"天"的含义相应的词有"heaven""sky"及"celestial"。根据《柯林斯英语词典》,"heaven"的解释为"sky",并称之为文学用语(the heavens are the sky; a literary use)(1995:782)。此外,在中西文化中,"天"都有指"神"或"上帝"的居所;"天"都有一定的层级结构;"天"因具有"高""上""万能""神秘"的性质,故其与人的命运、情感纠缠在一起(林巍,2009:45)。例如,"天人,庄子所用之语,指明其道者"。这里的"天人"显然不可简单地理解为"天上之人",而应理解为贤人或智者,用"sage"或"saint"表达为宜。而"天人合一",即孟子讲的"尽心知性而知天",庄子讲的"天地与我并生,万物与我为一",都是指求得天人协调,万物和谐的境地。因此,这里的"天"体现一种更高精神层次的概念,即"nature"和"universe"。而"天道"和"人道"的统一,实则是自然与人性的原本的一致性,故用"the integration of nature and human beings"(林巍,2009:46)。当"天"指"神"或"上帝"的居所时,是与造物主及创造力联系在一起的。如《尚书·泰誓上》有"天佑下民"的说法。此处"天"可以译为"heaven"。根据《柯林斯英语词典》(1995:782)的解释,"Heaven is said to be the place where God lives, where good people go when they die, and where everyone is always happy. It is usually imagined as being high up in the sky."。此外,"天"是有一定层次和结构的。在中国传统文化中,"天"一向被认为具有"九重",诸神的职位以高低依次排列,且每一层都有神虎神豹看守。佛教"三界说"的润色加工为中国传统的"天界"提供了极为逼真的描述。在英语里,天界也有层次和体系,例如,"celestial hierarchy",即天阶体系,指天使的等级,共分九级,从低到高依次为"angles""archangels""principalities""powers""virtues" "dominons""thrones""cherubim""seraphim"(天使、大天使、权天使、力天使、能天使、主天使、座天使、智天使、炽天使)(林巍,2009:45)。而在汉语里有"生死有命富贵在天""尽人事、听天命""天意不可违"等。英语中有"our destinies depend on celestial bodies"(我们的命运取决于天上的行星)的表达;在表达情感时,汉语有"我的天啊""漫天要价""天赐良机"等,英语里也有类似的表达,如"My goodness!"("我的天啊!")、"Heaven knows"(用来强调言说者确实不知晓或感叹某些特异的事情)、"Heaven-sent opportunities"(天赐良机)。

可见,"天"虽然看似是简单而又基本的概念,但其中渗透了丰富的含义,与宗教、历史、语言等文化因素交织在一起。只有了解并掌握其中的文化含义,在已有的认知模型中补充、完善目的语所蕴含的文化因素,才能做到较为准确地理解和表达。

3.2 理解障碍引发的思维模式冲突

翻译的主要任务是解蔽文字所遮蔽的语言本来的面貌,即传递原文的思想。弗里德里希·路德维希·戈特洛布·弗雷格曾说,"由于思想有不同的外壳,我们就要学习把思想的外壳与其内核十分清楚地区分开来,而在单一一种语言中,这种外壳与内核是融于一体的……"(李河,2005:135)。每一种语言都以一种相对稳定的思维结构架构起来,从而呈现出整个语言面貌。但问题在于,在翻译行为发生之前,思维结构就已经存在,它在很大程度上决定了译者将以何种方式去解读原文。而理解本身有明显的语言性特征,在对原文解读过程中,思维模式的冲突在所难免。

3.2.1 汉英互译中的理解障碍

汉英互译中的"理解"主要是指英语或者汉语母语者将基于目的语的知识或信息融入其原有的知识储备中,在整体中把握目的语的意义。换言之,就是需要把目的语的知识或信息看作是一个具有完整性、历史性和文化性的系统。因为,"人"作为特殊的存在者,存在于一个历史文化系统中,历史文化先占有了"人"的所思与所想。这种存在上的"先有",使得"人"可以理解自己身处的文化,从而在理解开始之前,就拥有了超验的思维框架,它包含了理解所必需的观念、前提、假设等,并以此作为推至未知的参照系,形成思维的"前结构"(殷鼎,1988:180)。

具体说来,思维"前结构"的筹划性特征是汉英互译中理解障碍产生的主要原因之一。因为,"前结构"中蕴含着对"此在"的理解与它先行理解的因缘关系,预示理解可能出现的方向,引导理解者拥有理解某一事物的先行立场或视角,以及解释性理解出现之前被假定所需要的概念(洪汉鼎,2011:498)。这就意味着对目的语的理解与解释并不是完全自由的。相反,目的语的意义在形成之前,已经以某种模糊的方式被理解,这种理解是蕴含在"前结构"中的前理解,它构成了对目的语不言而喻的先入为主之见,筹划着对未来理解对象的可能性。简言之,"前结构"本身已经包含了对目的语意义的肯定和否定价值的判断。

基于此,在汉英互译中容易出现的问题是:基于母语的思维"前结构"在对目的语意义再现的过程中,由于意义本身向一切可能的理解和解释敞开了大门,在思维"前结构"筹划过程中缺乏或者没有目的语所蕴含的概念范畴,或者相同概念归属不同范畴的情况下,目的语意义的完整性和独立性很难抵御来自基于母语思维模式的曲解,进而对目的语意义误解或无法理解的情况就很有可能出现。例如,同是时间坐标系统,英语沿用空间观念,用"back"(后)表示过去,用"ahead"(在……之前)或是"forward"(朝前)表示未来;汉语虽然有沿用空间观念表示时间,但方位相反,称过去为"以前",称未来为"以后"。再如,"He is the last person I want to see."(他是我最后一个想见到的人。),英语表示"最不想见到某人",与汉语表达的意思正好相反。上述例子中的英语方位概念与情感概念与汉语恰恰相反,极易造成误解的发生。而"The published book is a far cry from the early manuscript."(表示"相距甚远")、"He got the sack."(表示"失业")等表达由于在汉语概念体系中没有像英语概念体系对"cry"(哭)、"sack"(麻布袋子)概念范畴的筹划与使用,换言之,在汉语表达中没有对应概念的内涵和外延,所以,在英译汉时,就很难采用与其对应的英语概念结构。

由此,不难发现,理解的局限来自语言本身的局限,理解本身具有语言性特征（殷鼎，1988：114）。如果说历史与文化给予人以先验的理解条件，表征了思维"前结构"的主要特点，配备了"前结构"中的要素，那么，语言则塑造了思维"前结构"展现形式，以及运行的路径，即人的理解方式，因为理解总是在语言结构和言语产生过程中发生，并最终形成对意义的理解。在这个过程中，通过语言展现对外部世界的意义时，母语不同者选择的构成要素和路径是不同的。正如在本书第2章提到的，中国人擅长直觉思维，通过意境的营造传递言说者的"言外之意"，因此，对汉语理解的关键在于直观体悟。而西方人擅长逻辑思维，通过严格的句法规则逐层建构起言说者传递的意义，对其的理解需要依靠分析推理发挥核心作用。

根据汉斯-格奥尔格·伽达默尔的观点，翻译中理解障碍的消解不在于避免"前结构"，而在于确认"前结构"。"理解是一个逐步改变的过程，此过程从'先有'看法开始，然后再修正这一看法，而每次修正又形成新的看法，在逐步修正中渐渐达到或接近正确的认识"（张隆溪，2014：28）。也就是说，借助语言对思维的塑造功能，可以不断地调整思维的"前结构"，使它向基于目的语的思维结构不断靠近，这一过程中，思维"前结构"的组成要素会不断地发生着新陈代谢，思维结构也会随之不断更新。

3.2.2 文化传统造成的影响

上文谈论的"前结构"相当于汉斯-格奥尔格·伽达默尔强调的"先有观念"，只是表述角度不同而已。"先有观念"本身是一种思想文化的传统，因为我们生活在一定的传统中，因而受其思想文化传统和生活环境的影响。传统不是外在的客体，而是人生存于其中的环境。汉斯-格奥尔格·伽达默尔认为，传统习俗对我们作为历史的存在发挥着潜移默化的作用或影响。因此，它是一种权威。权威的本质是自己理性的选择和对更高理性知识的认识和尊重。"传统和习俗确定的东西有一种无名的权威，有限的历史存在的一个特点是：传承的权威——而不仅是有明确依据的权威——总是有支配我们态度和行为的力量"（张隆溪，2014：54–55）。人不可能对所有的事情都亲力亲为，得出符合逻辑的推论。在很多情形下，需要依靠某种传承的权威，也就是相信常识和被广泛认可的信念，而传统习俗所包含的思想文化传统又深深烙印在人们的言说习惯上。

其中，比较有代表性的是集体意识和个体意识在中西文化中产生的不同影响。中国人的集体意识和西方人的个体意识之间产生的冲突集中体现在对"人"的解读的差异上。汉语中的"人"反映了中国古代文化中"集体意识"突出的特点。孔子讲，"仁者人也"，也就是说人从根本上是仁义道德的仁，人的本性是仁。根据《说文解字》的解释，"仁，亲也，从人，从二"（许慎，2014：159），可简单理解为两个人之间的关系。也就是说，"人"本来就是在关系之中，所以，不要把"人"看作是一个个体，而是一种关系。在汉语中，"人"的概念就是他人，"人不犯我，我不犯人""己所不欲，勿施于人"，"人"意味着他人，那是一个群体，人与我是对立的，也就是与个体相对立的一个群体。因此，"人"字根本的理解就是他人的集合，即"群体"。当然，这不是说中国文化中没有个体意识，而是说个体意识融于集体意识之中。

在西方，"人"反映的是其文化中个体意识突出的特点。在古希腊时代，德谟克利特（Leucippus）的原子论就强调万物由原子构成，原子最基本的特点是每个原子都不可被侵入，原子组成了万事万物。每个人都是一个原子，都具有不可侵犯性。原子论为个体主义、个体意识提供了哲学上的依据。普罗泰戈拉（Protagoras）也提出"人是万物的尺度"，"人是存在事物的存在尺度，是不存在事物的不存在尺度"。其中，"人"就是指个人。苏格拉底借用特尔斐神庙上刻有的神谕而提出的著名论题"认识你自己"，就是指自我意识。这样的一个命题把个体提升到了一种精神性的高度，并作为理论的依据。"认识你自己"强调内心的那种理念，要认识你自己的灵魂，要认识你心中的善、真、正义这些东西。所以，"个体"被提升到一种伦理依据，它根源于个体的灵魂之中。在西方社会，"集体意识"是"个体"意识外化出来的，或者对象化出来的结果。亚里士多德曾经说过："一个人和人乃是一回事"，我们讲"人"就是一个一个的人，强调个体性，个别实体才是第一实体，种、类是第二实体（斯通普夫，2008：72）。所以，亚里士多德把人归结为个人。西方人崇尚的契约精神、法律意识，其实都是将个人的意识设定在一个对象上，人人都要去遵守和服从，从而保证一个系统按照一定的规则有秩序地运行。

可见，集体意识在中国文化中具有原发性特征，个体意识是继发性的；而在西方文化中，正好相反。汉英互译中的理解障碍与中西方各自推崇的思想文化产生的冲突有很大关系。汉语所反映的集体意识，表现在汉字结构间的相互依赖，语义、断句都离不开大的集体，即语境。因此，准确地理解汉语表达的关键在于，不仅要知道单个汉字的含义，更要对语境有全面的分析和把握，并浸入其中，在流变中，兼顾语境中各个节点的关系，体味其中的含义。英语构词、句式乃至语篇的构造都有明确的规则，这些规则可以脱离语境和言说对象等而独立存在。对英语的理解，语境的作用虽然亦不可忽视，但是基本的语义主要依靠构词和语法规则的建构。

3.2.3 生活世界造成的影响

1. 中国人的生活世界

中国人常讲"人生在世"，即"人，生在世界中"。"在之中"不是传统西方哲学所讲的一个现成的东西（主体）在另一个现成的东西（客体）之中，而是人与外部世界相融，人通过"在世"显现自身的存在与意义。因此，"人生在世"首先是"人"与世间万物不断进行交互，并且不断地作用于世间万物；与此同时，世间万物不是外在于"人"，而是通过与"人"之间的交互不断向外显现。人在认识万物之前，早已与万物融合在一起。说到底，中国人讲的"人生在世"体现的是中国传统哲学的主导思想——"天人合一"（张世英，2005：3）。

而"人生在世"这个"世"从本质上说就是指阴阳交错、变化趋时的生动世界，它是一种浸透于变化之中的境域。这在一定程度上反映了中国古人从一开始就对抽象概念的缺陷有一种几乎可以说是天生的敏感或反感，并因此求助于"构成"的方式。在先秦的儒道学说中，有一种很独特的怀疑态度或"悬置"态度。它不关注变化无常流变的现象，而是针对现象背后普遍"本质"或"规律"，以到达"规律之象"为最高境界。要进入"规律之象"需要凭借孔子讲的"一以贯之"的思想识度，古人将这种思想维度理解为"恕"，也就是"己所不欲，勿施于人"，旨在启发人们以相互对待、相互造就的构成原则作为人际交往的基本准则，以一种纯构成境域的方式审视人生与世界。"己所不欲，勿施于人"体现了"仁"的本质含义。但孔子并未对其进行概念的界定，只是在生动具体的对话情境中来显示"仁"本性上多样的语境含义或"生成"意义。例如，《中庸》中讲："夫妇之愚，可以与知焉，及其至也，虽圣人亦有所不知焉。"在孔子看来，"仁"既不独在己，亦不在彼，而是在"己"与"人"、此与彼的相交相构之"中"。这可以被看作是孔学中摆脱一切外在的存在规定性的"不勉而中，不思而得"的现象学知识论（张祥龙，2011b：200–202）。

中国人的生活世界不以"被对象化、观念化为不变的种属关系"为特征，而是处处隐藏着相缠、相构、对冲和化生的思路。它不依赖任何一边或任何一种现成者的存在论意义上的缘起构成观，不执着于任何现成者的完全彻底的缘构，因而，总是保持着旺盛的活力和不断涌现的状态。所以，在主客一体的思维模式作用下，中国人理解事物的方式不是通过聚焦语言现象背后的不变的概念和规则，而是在融合诸多相关因素之后，在整体境遇中，以一种切己的方式，体悟语言背后不断生发的意义。

2. 西方人的生活世界

西方人对世界的理解与中国人有很大差别。从毕达哥拉斯的"数"，经巴门尼德（Parmenides of Elea）的"是"（存在）论哲学，再到柏拉图"理念"，世界对人而言，是一种外在的、现成的存在。因此，不同于中国哲学认为人和世界处于内在的、相互构成关系中，在传统西方哲学的视野中，人和世界之间是一种外在的关系，即主客二分的关系。它使得主体和客体都是现成的，前者是内在的认识者，后者是外在的被认识者。不论是认为世界的先行存在是理所当然的，并致力于探寻世界中的"客观真理"，即对一切存在者都有效的客观规律，还是不满足于既成事实规律的领域，力求去找出这些客观事实的前提（McCormick & Elliston，1981：185），两者都是要找到一个建构世界图景的客观基础，并将其作为认识和理解世界的起点。

在现代西方哲学中，埃德蒙德·胡塞尔提出的"生活世界"是在整体视域中，探讨整个世界现象。按照现象学的理解，所谓"现象"，不是事物性质在人们的感官和心灵上的一个简单的投射过程，或者像约翰·洛克的"白板说"那样的机械过程,而是一个活生生的动态过程,即客体在主体激发下呈现自己,在特定的"缘发构成"的条件下,通过特定的意识行为成为意向的对象。这就意味着,"作为精神机体的认识活动,在认识主体与客体之间存在着有机联系,认识主体和客体是同时生成、同时显现、同时获得存在的意义"(王前,2017:157)。

可见,埃德蒙德·胡塞尔的"生活世界"并非指现成的、在先的外部客观存在的世界,而是具有绝对自明性的意向结构的构成境域普遍化的结果。这个构成境域所代表的思维模式超出了传统西方哲学概念表象型的理性思维模式,透露出一种构成性的理性思维模式。埃德蒙德·胡塞尔揭示了一个最本原的构成境域的理性存在及其不可避免性。在"生活世界"中,理性思维所看重的协一性和客观性才得以自明地和可理解地实现。但是,埃德蒙德·胡塞尔并没有从根本上突破主客二分框架。当他无法解释客观世界与主体意识如何从这个原发境域中衍生出来时,只能以构成境域的本性是"绝对主体性"来解释,最终使得生活世界只是"先验主体性的自身客观化"而已(张祥龙,2011b:47)。

总之,西方人理解事物的方式始终秉持并崇尚理性和逻辑分析的思想传统,以"严格科学的"方式更准确地探寻着万事万物背后那个不变的、永恒的、最值得信赖的本质特征,形成规范化、知识化、理论化地理解事物的特征。

3.3 视域演变引发的思维模式冲突

按照现象学的理解,"视域"隐含着人们知识的可能性的世界。视域蕴含着的潜能、颜色、形状、数字等都是构成生活潜能的因素,它们能够在某种生活情境和时机中使对象从背景中涌现出来,进入我们的意识(张祥龙,2011a:176)。"视域"具有如下特点:第一,"视域"具有超越性,即它一定要超出眼前的对象而与周围事物相关,张祥龙将其形象地描述为"我的看法总比我看到的这个东西要看得多"(张祥龙,2011a:181)。实际上,所谓的经验视域结构就是每一个经验的个体对象的典型的前认知。而任何一个认知不管多么原本,都已经包含了比这一次认知更多的东西(张祥龙，2011a：178）。第二，"视域"具有非对象化构成性。"视域"本身具有前意识的、前对象化的特点，时刻准备好参与构成。埃德蒙德·胡塞尔强调"内时间意识"带来的"时间视域"，马丁·海德格尔强调意义的"构成境域"，而莫里斯·梅洛-庞蒂（Maurice Merleau-Ponty）注重的"身体域"，都有一种非对象化和非现化的氛围，看上去模棱两可且很难把握，其实这才是作为认知背景的直观体验的关系网络应有的状态。它是生动的且不断变化的，随时为意向对象的意义生成做好准备（王前，2017：182）。第三，"视域"具有可塑性。"视域"不是固定的，它永远是个动态的"游戏空间"，它与个人的经验（包括行为和生存）和团体的生活经验（与个体有关系的文化世界）息息相关。因此，"视域"总是与人的经验保持着某种共谋的关系。当以往的经历和知识背景与眼前的认识对象联系起来，就会改变认识活动的进程和结果，这就是为什么我们对事物的认识总是在不断地发生变化。

因此，"视域"总是与人的经验保持着某种共谋的关系。人们以前的阅历和知识积累与当下认识对象相结合，往往会推动认识活动的进程，这就是为什么我们对事物的认识总是在不断地发生变化。通过考查汉英语言表达的视域演变，可以在洞悉汉英思维模式差异和相似之处的同时，对其背后产生的机理做进一步探讨。

3.3.1　汉语表达中的视域扩展

汉语表达中视域演变以"扩展"为主要特征。视域的扩展指的是"将原来未曾考虑的因素纳入思考范围，发现与原有认识对象之间新的联系，从而发现对象事物新的意义和价值。视域的扩展会使人们看得更远一些，思路更广一些，心胸更开阔一些"（王前，2017：186）。前文提到的"取象比类"要选择某个已知的"象"，用来比喻眼前未知的"象"，旨在借助已知的"象"的本质特征构建未知的"象"的本质特征的观念模型，是汉语表达中视域扩展的典型表现。

每一种"象"都存在于事物不同层次的整体结构之中，需要从整体上来辨认识别"象"，了解"象"与"象"的联系，体会"象"的象征之意。"取象比类"的关键在于恰当选择与认识对象（比喻的"本体"）表面上看起来相距甚远,但又具有某种相同"关系结构"的比喻对象(比喻的"喻体")。"喻体"之"象"应该是人们相当熟悉的,而"本体"之"象"应该是人们经过长期思索已经有了较丰富体验的。当人们把"本体"和"喻体"相提并论时,能够敏锐意识到两者的差异,从而将两者的共性清晰地凸显出来,这样就可以将对"喻体"之"象"中与这种共性相关联的体验,自然地转移到对"本体"之"象"的认识之中。"本体"和"喻体"的"关系同构"多着眼于事物形态功能上的相同或相似,需要跨越简单的逻辑分类。因为简单的逻辑分类注重的都是事物固定不变的特征及其相互关系,难以充分揭示事物内部和外部的有机联系,准确再现各类机体活生生的演变过程。而从形态和功能上寻找"关系同构"的"象",可以发现更为丰富的思想素材,形象生动地说明对象事物的本质特征。

然而,最初的观念模型可能不是十分准确,会被逐渐调整。在这种情况下,就需要通过视域的扩展,引入新的"象"和新的思维方法。因此,"取象比类"必然要以视域的扩展为前提,"取象比类"的本体和喻体必须存在于同一个视域之内。视域的变化也影响到直觉思维与逻辑思维的相互渗透。"取象比类"过程中合适的"象"的选择,需要借助逻辑分析发挥隐性的作用;直观体验成果中偏见和谬误的消除,也需要借助逻辑分析(王前,2011:42)。具体表现如下所述。

"取象比类"对"喻体"的利用和选择并不是在"创造"相似性,而是通过直观体验"发现"各类事物之间的相似性。这个过程需要充分调动体验资源,用人们熟悉的体验说明当下比较陌生的体验。从不自觉地体验的积累和整理,到自觉地"取象比类",实现了思维层次上的突破。这一突破不仅建立了比较抽象的"象"与比较具体的"象"的直接联系,而且把这两种"象"原来所涉及的体验世界也连接起来。各层次的"象"之间本来就有着纵横交错、纷繁复杂的网络联系,但这个网络不是概念框架式的网络,而是依形态功能上相似或相同而贯通起来的网络。这个网络不是静态的、刻板的、封闭的,而是动态的、灵活的、开放的。"取象比类"的过程,实际上是逐步识别各层次的"象"的网络关系的过程。对"象的网络"的每一条通道的识别,都会引起体验初期知情意尚未分化的基本认知单元的相应变化。在"知"的方面增加了新的内容,原来隐蔽的"象"

的关系被揭示出来，引起了认识深度和广度的相应变化。在"情"的方面做了相应调整，变得更深沉、更平稳。由此过渡到对"意"的更全面、更深刻地理解和把握，使直观体验得以进入一个更高的层次。当然，在直观体验过程的初期，由于认识环节或角度可能有缺失，受到认知能力和获取信息条件的限制，人们对某一事物的零散的、局部的体验可能相互冲突，可能有空白，也可能名实不符，这些缺陷都需要修补，由此造成思维上的巨大张力，人们可能感到"看不准""想不通""很纠结"，这意味着人们的主观认识与现实的"象"的关系网络存在差异，还没有找到对象事物的本质特征。在对事物信息了解不充分时，这种情况是不可避免的，对于避免认识的绝对化和极端倾向也是有好处的。当出现这种情况时，需要及时选择新的"取象比类"。这就要求直观体验跨越简单的逻辑分类，能够将各种"关系同构"的"象"融会贯通并加以思考，迅速将眼前之"象"同人们以往了解的外部世界之"象"进行比对，从长期体验的"关系"素材库中挑选合适的"象"及其关系，将其纳入已知的"象"的关系网络之中去，看其能否消除认识过程中的矛盾、冲突、困惑。解决这个问题要经历不断的选择、试错、调整的过程。也就是将各种零散的、局部的体验整合成完整的"意象"和"道象"，在这一过程中，逻辑分析的作用被隐含在直觉思维的过程之中，或者说以隐蔽形式存在。虽然直觉思维在形态上与逻辑思维反差很大，但却是相互渗透的，这是直觉与逻辑相贯通的隐性表现形态。正是由于逻辑分析的隐蔽作用，直觉思维的思维才是基本不违背逻辑规律的，才有可能在社会实践中发挥重要的影响和作用。

如果忽视视域的存在和变化，也就意识不到逻辑分析在其中的作用，直觉就变成了与逻辑无关联，似乎无章可循的思维过程。值得注意的是，视域的扩展在一定程度上依赖于认知主体的主动性，取决于认知主体能否自觉克服扩展的障碍。同时，认知主体要充分调动体验的资源，用熟悉的体验说明当下比较陌生的体验。从不自觉地体验积累和整理，到自觉地"取象比类"，实现思维层次上的突破，才能不断地发现事物之间的联系，揭示认识对象更为抽象、更为本质的特征。

当然，在汉语中并非完全不存在视域的收缩，如聚焦于对象事物的某些细节进行深入思考，全神贯注于某一具体活动的某个方面，也属于视域收缩，但这类认知活动不占主流。另外，英语中也存在视域扩展的现象，如综合性的、整体性的、注重有机联系的思考，但同逻辑分析的主导倾向相比也不占主流。

3.3.2 英语表达中的视域收缩

英语表达中的视域演变以"收缩"为主要特征。视域的收缩是指"一些原来考虑过的相关因素被排斥在视域之外，自觉不自觉地收缩思考范围。视域的收缩会使人们看得更近一些，思路更集中一些，心思更细腻一些。在人们的视觉活动中，看得远或近是由观察者与观察对象的相对距离决定的，而在知觉和体验活动中，视域的扩展或收缩都是由认知主体决定的"（王前，2017：187），而认知主体又会受到与其相关的思想文化世界的影响。在西方世界，自古希腊时代开始，人们就以挑剔和苛刻的眼光对不同认识形态予以审视，最后舍弃了他们自以为是不可靠和无价值的"现象"，保留了他们认为是可靠和有价值的"本质"。这就必然使得西方逻辑思维非常发达，因为逻辑思维强调的加工过程获得的是理性思维的一般性成果。王前认为这是一个按照"反向选择"机制"提纯"的过程，但提炼出来的都是比较适合逻辑推理的比较"硬"的成果，即一些规则、方法等，而舍弃一些看似没有用的"软"的东西，即细节、联系（王前，2005：88）。因此，西方逻辑思维以抽丝剥茧的方式，最终到达对事物的本质认识。这一过程主要体现的是视域自觉的收缩。

在英语表达中，视域收缩主要表现在主谓宾结构之间严格的逻辑关系。在对事物种属关系进行界定的过程中，视域需要聚焦对象事物的本质特征，而忽略那些对事物本质特征没有较大影响的细枝末节。更为具体地说，在视域收缩的过程中，"能指"的作用在于说明"所指"中含混模糊的、潜藏性的概念，在事实上构成了处在描述与被描述之间的中间环节，这一中间环节兼具解构性和分类逻辑的建构性（郭贵春，2012：313），揭示了语词和事物之间抽象的关系。换言之，就是把事物从其所在的语境中强行抽离出来，并"强加"某种固定的语法规则，最终形成以"是什么"或"不是什么"的语言形式呈现出对事物种属关系的判断。

英语表达中视域的收缩另一重要特征是偏重语法规则。作为逻辑分析的产物，或者说是逻辑分析的必然结果，英语表达中严苛的语法规则很少黏附在语词上面。不管多么复杂的英语语句表达，都能提炼出稳定的语法规则。因此，不管英语表达的意思是简单还是复杂，必然遵循一定的语法规则。如果语法关系得不到呈现，英语表达很难被理解。因此，在英语表达和理解过程中，不可避免地会发生视域的收缩，聚焦语法规则及其应用，通过语法规则激发出语言内在的力量，使语句结构得以不断建构起来的同时，语义也逐渐清晰、确定和丰富。

总之，英语表达中的视域收缩并没有将新的要素纳入思考范围之内，而是依靠原有视域中概念要素，通过逻辑分析，对语句结构进行不断地拆解和细化，将视域中原有的概念要素逐一添加到对应的语句结构上，并以此为手段，最终在能指和所指之间创造出一个概念维度的相关性。即使概念及其对应的维度改变了，揭示"所指"某个层面的本质属性发生了变化，概念和概念维度之间也能始终保持相互吻合的状态。

3.3.3　视域演变冲突的特征

在汉英表达中，视域演变产生的冲突是直觉思维和逻辑思维相互作用的结果。具体说来，汉语表达中视域的扩展是直觉思维作用的结果。直觉多数时候是无意识的活动。但是，无意识却有情感，这意味着情感常常影响到无意识活动向有意识活动的转化。所以这个"情"字在汉语表达中常常举足轻重。"情"不局限于喜怒哀乐等外在流露的表情，还包括各种心态、心境，如超然物外、心平气和、冷静达观、虚怀若谷、允执厥中等。"情"将相关的"知"与"意"凝结起来。这里的"知"包括个人积累的经验性知识、他人传授的体验性知识和历史上流传下来的书本知识或口头知识。这里的"意"包括对他人的意向、学问中的意思和文艺欣赏中的意境体验。知情意在未分化状态下整合起来，实际上是对世间各层次的"象"的全方位了解，是在少有先入之见干扰的情况下对外部世界的充分而深入的反映（王前，2005：72-73）。知情意构成了直觉思维的基本认知单元，也是汉语视域中的基本组成部分。而且知情意没有固定的模式，有很强的灵活性和延展性，它们用来构成汉语表达的语境，也会随着汉语语境的变化而变化。因此，汉语表达和理解的过程需要囊括知情意相关的诸多要素，常常需要将原有的视域进行延展，即补充新的要素，才能实现较为理想的汉语表达和较为准确的理解，体现直觉思维超越文字局限，即强调"言外之意""弦外之音"的鲜明特征。

英语表达中视域的收缩是逻辑分析作用的结果。逻辑分析通过一系列"拆零"的思维活动，从整体到局部，不断拆解和细化，形成有很强独立性的元素。简言之，就是将存在有机联系的事物实行"不可分离的分离"，旨在抓住事物的本质特征（徐利治、王前，1990：59）。在这一过程中，视域只有不断地收缩，才能逐步到达对事物本质的认识。因此，不管多么复杂或简单的英语语句结构，都可以进行句子成分的划分，获得句子的组成元素，且每个元素都有固定的命名。英语表达的有效性和准确性首先依靠适当的元素组成正确的语法结构。这就意味着视域要收缩，从而才能聚焦稳定的语法规则。更为具体地说，英语表达的核心就是依靠视域中已有的元素建构起一个多维整体的语句结构，完成对认知对象的逻辑分类，用纯粹的形式对其归属范畴给予清晰的界定，从而形成对认知对象概念化的认识。

总之，汉英语言表达中的视域冲突源于直觉思维与逻辑思维之间的差异。直觉思维使中国人在语言表达时，习惯去营造一种意境，在意境中不仅要表达言内之意，而且要向外传递言外之意（王树人、喻柏林，1996：9）。更为重要的是，由意境引发的言才能令人"能近取譬"，维持于意境本身的势态之中而不固定于某一个意义对象，最终"得意"而忘言。在这一过程中，视域通过不断地扩展，打通不同层次"象"之间的隔阂，最终通达到"意象"的层次。而逻辑分析使英语表达中的视域首先要锁定在最基本也是最核心的主谓宾结构，接下来才是考虑主谓宾以外的成分或元素，以及它们之间的相互关系。因此，英语表达和理解不会首先去营造或解读意境，因为在表达和理解发生之前，语言所意指的东西的一般特征已经存在于视域之中。

3.4　汉英互译中思维模式冲突的根源

本节将从哲学的视角，解析汉语母语者在汉英互译中暴露出的认知弱点，即主体性不突出、隐喻能力不足、例证分析能力不足、层级建构能力不足和"是"概念不发达,进而揭示这些弱点产生的历史渊源、文化传统及认知特征。对这些认知弱点的概括,一方面,基于第2章关于汉英互译中思维模式冲突产生的哲学溯因的讨论,正是通过对语言迁移、理解障碍和视域演变的分析使汉语母语者的这些认知弱点得以暴露;另一方面,这些弱点在汉英互译实践中也是普遍存在的,很多学者曾经从不同角度予以讨论,而本书则从将其置于汉英互译中思维模式的关系角度加以研究。

3.4.1 主体性不突出

主体性不突出是前面提到的关系思维与实体思维冲突产生的结果。它是思维主体在关系思维作用下,"非对象性"思维特征的具体表现。在汉英互译中,具体表现在不刻意突出对象,对"主体"概念的不关切。在语篇层面,呈现出层层铺垫式的、由远及近的转换路径,缺乏鲜明的主题句,习惯通过铺垫为核心观点的出现渲染气氛,也就是把相关的因素尽可能多地聚拢起来,使其形成相对完整的段落,在段落中隐含自己的观点和立场。此外,汉语中有大量句子是没有主语的,语言表达的中心思想(主题)是汉语表达的关键。在汉英互译中,英语主谓框架与汉语主题式框架之间的转换是一个重要问题。而这一问题与中西方文化对"自我"的认知差异有着密切的关系,本节将就此问题展开讨论。

1. 中国文化中的"互倚型自我"

主体性不突出问题在很大程度上与中西方对"自我"认识的差异有关。张世英指出,主体性哲学在西方近代史上一直占据主导地位,它所体现的是"主体—客体"关系的思维模式,它不同于中国传统不重主客之分的"天人合一"的哲学思想传统。这两种哲学观所表现出的"自我"观有很大的差异,前者重"自我"表现,后者重"无我"之境(张世英,2016c:134)。

据中国心理学家杨中芳考证,传统汉语中没有"自我"这个名词,它是受西方"self"这个名词的影响而组成的新名词。中国人用"我"代表"自我"大概是"自我"在中国最通用的含义(朱滢、伍锡洪,2017:10)。实际上,以儒家思想传统为主导的中国传统文化崇尚"互倚型自我"(威廉·麦独孤,1997:141),其所倚是"自我"所在的家族、族群、社群所赋予的"身份"。仅以中国古代社会代替"我"字的称谓为例,就足以说明这一点。例如,一些下级官员在上级面前自称"卑职""不才",上级对下级通常用"本官"以示身份。可见,在中国古代社会文化中,尊卑有别,身份低微者与身份高贵者都不习惯以"我"自称,这反映了中国传统文化没有很强烈的"自我"观念(张世英,2013:3)。

事实上,中国传统文化中存在着决定"自我"的"本我"。"本我"就是领悟到自身无法脱离周围的人和物而独立存在,只能在自身与周围的人和物建立的关系网中维持着自身。世上万物以至个人的各种先天和后天的生理因素、心理因素,以不同的远近程度和千变万化的联系方式构成千姿百态的交叉点,每一个交叉点、每一个"本我"在保持自身特征的同时,以整体的态势融入更为广阔、有众多"本我"参与其中的关系之网(张世英,2014:84–85)。"本我"光环里有"我"("自我")的闪烁,如果没有"本我"的光环,"我"("自我")便暗淡无光。如果不论及"本我",单纯强调"我"("自我")自然是毫无意义。更为具体地说,在中国传统文化中,"自我"的言行举止要与其在社会群体中的"身份"保持一致,即"身份"所在群体的特征。例如,儒家思想中的"仁者爱人",就是强调人与人之间的相互关系。而"克己复礼为仁"就是要通过抑制自我("克己"),使得自我的言行符合其社会身份("复礼")。因为,在孔子看来,人之为人是因为"自我"体现了群体的共性,在这一过程中,个体性和独特性必然被抑制。子曰:"不知礼,无以立",意在强调只有符合社会群体的规范,才能立足于社会。

然而,在中国历史发展的某些阶段也显露过独立型自我的思想观点。例如,杨朱的"贵己"和"不以物累形"之说是中国古代哲学中比较突出的"自我"思想的代表。杨朱"不以天下大利,易其胫一毛"的观点,就是将"自我"与社会关系完全割裂开,使"自我"变成独立存在的单子。《论语》中有"三军可夺帅也,匹夫不可夺志也""君子和而不同,小人同而不和"之类的表述,反映了对个人意志和个人见解的尊重,以及孔子思想中潜藏着"独立自我"的观点。再如,在鸦片战争之后,自我思想有"突破自我与社会伦常关系"的明显倾向。其中,龚自珍的"众人之宰，非道非极，自名曰我"，梁启超的"非我随物，乃物随我"，以及孙中山的心物二元论，都是西方近代主体哲学在中国的表述（张世英，2005：86–89）。

但是，就中国历史发展历程而言，以关系思维为显著特征的中国文化决定了"自我"观念必然湮没于"本我"这个整体的观念之中。换言之，关系思维作用下"自我"的社会性特征更为显著。其实，在谈到"自我"概念时，常会涉及"个人主义"的概念。"个人主义"特别是关注恒常、独立和自由的方面。在中国文化的视野中，个人主义所宣扬的某些方面确实值得质疑，但却反映了当代西方的道德、政治、经济和宗教思想。如果将其与中国文化中的"自我"概念进行对比，可以发现后者强调时间变化、相互依存关系以及行为约束，更多的是从"角色伦理"的视角，去揭示"人"的基本特征，以及"人何以成为人"所必须遵循的原则，即每个人自觉地归属于最小也是最基本的社会单位（家庭），并且扮演着为人父母、为人子女等多重伦理角色。

2. 西方文化中的"独立型自我"

不同于中国文化中的"互倚型自我"，西方文化中体现的是一种"独立型自我"，即"自我"优先于"他者"。正如罗伯特·所罗门（Robert Solomon）在反思西方社会时所言："我们真正的、本质的或本真的自我仅为我们自己所独有的，而我们与他人的关系则相对来说是次要的，或者从某种程度上来说是外在的"（Searle，2004：292）。西方文化中的"独立型自我"源于西方主客二分的思想传统。不管是勒内·笛卡尔（René Descartes）的主体性哲学中的"自我"领域，还是伊曼努尔·康德（Immanuel Kant）的"先验自我"或者是黑格尔的"绝对主体"，都是把"自我"推到了独立且自主的地位。埃德蒙德·胡塞尔提出的"主体间性"理论，意图走出"自我"，面对"他人"，即"走出自我意识以外，超越自我意识的范围而承认'他人'的独立性"（Zahavi，2014：27）。不同于埃德蒙德·胡塞尔主张的"他人的独立性、异己性是从'自我'的'同感'出发而获得其意义，以自我的'同感'为基础"，马丁·海德格尔提出"共在"是基础，"同感"建立在"共在"基础之上。"共在"是"同感"存在的前提，而"共在"是"此在"——"自我"存在的一种特性和样式（Heidegger，1991：152）。马丁·海德格尔的观点最终还是把"自我"放在优先地位，依旧保留实体思维的特征。但是，马丁·海德格尔的"他人"与埃德蒙德·胡塞尔的"他人"相比，其独立性和异己性更具本原性。一直以来，西方文化对"自我"的极度关注，从另一个角度反映了西方思想文化对"关系"的关注较少。产生这一现象的重要原因是，在整个西方哲学叙事中，随着古希腊人对灵魂的发现，人主要被看成抽象的、个性化的自我。从洛克时代开始，这种关于"人是什么"的观点就从未受到质疑，到休谟和康德的时代已彻底成为不言自明的预设。基于个人主义的人性启蒙模式已经成为一个关键的激励因素，鼓励人们遏制过分专制（罗思文、安乐哲，2020：105）。与此同时，西方社会的主流道德理论关注道义论伦理学、功利主义伦理学、美德伦理学。这些理论都是基于如下的观点：人类从根本上是个体的、理性的、自由的、自主的，通常是利己的，这也就顺理成章地对"自我"表现出浓厚的兴趣。

在西方思想大潮中，也有意图超越"自我"个体性的理论尝试。代表人物马丁·布伯通过对宗教哲学概念"超越"本真含义的阐释，对将"自我"完全独立于外在世界的传统西方哲学思想进行了深刻的批判。他将传统西方哲学的两大"超越观"描述为两种不同的世界图景：至大无外的永恒宇宙吞没"自我"的人生，让个体通过自身的有限性投入宇宙的无限过程来获得自我超越，实现不朽；至大无外的"自我"吞没宇宙及其他在者，把居于无限时间流程中的宇宙当作"自我"完整的内容，由此铸成"我"之永恒。在他看来，前者错把宇宙在时间中的无限延绵与无穷因果当作了价值论的不朽，因而，它是从对宇宙之无意义的反抗开始，却以向宇宙的"屈服"而告终。后者同样没有看破其中的道理。马丁·布伯特别强调"我—你"关系中所讲的"关系"的相互性，即"我们不要尝试去削弱来自关系的意义的力量：关系是相互的"（马丁·布伯，2016：12–23）。"关系"及其相互性，在马丁·布伯看来，就是"仁爱"，是一种恻隐之心。世界万物本来就处于"我—你"相互关系中。如果从中国哲学的视角解读"我—你"的关系，可以将其理解为人不是独立于世间万物之外，而是融于其中，并与世间万物共生共荣。马丁·布伯的思想是以他的宗教观为基础，其中蕴含了中国传统思想文化中"万物一体"的思想成分。此外，伊曼努尔·莱维纳斯（Emmanuel Levinas）提出两种"他者"，一种是传统意义上的"他者"，可以转化为同一或自我的他者；这是"相对的他者"，另一种"他者"是"彻底的他者"或绝对的他者"，其特点是绝不能还原为"自我"或与"自我"同一。前一种"他者"只是经验意义上与"自我"分离，而后一种"他者"则强调其根本外在于任何"自我"，且抵御着"自我"自近代以来对万物的统摄。在传统西方哲学中，"他者"的存在就是为了被"同一"。而伊曼努尔·莱维纳斯的哲学思想旨在保护"他者"免于被"同一"。在伊曼努尔·莱维纳斯看来，西方哲学的本体论就是追求"总体性"，强调包含所有存在的总体，这样的哲学传统是在不断消除"异"的过程中，实现"同"。伊曼努尔·莱维纳斯强调的"他者"是不可还原的，不同于"自我"的"绝对他者"，其特点是要使得"他者不被总体化"（孙向晨，2000：81-88）。他通过对传统西方哲学本体论一直以来所追求的"总体性"的批判，以达到"他人"优于"自我"的目的。

从美学角度来说，如果说中国文化崇尚"万物齐一"之美，那么西方美学史的发展主线所显示出来的是，"美是自我在感性中"的显现。美是在感性形象中显现"自我"的"理性、自由、个性诸特点"（张世英，2016c：95）。不管是斯多噶派、伊壁鸠鲁派推崇的自我安宁与静穆，还是朗基努斯突出自我的崇高，都映射出近代西方思潮"主体"意识（"自我"意识）和近代"主体性哲学"中"自我"占据的优先地位。尤其是近代以来，"自我"独立于宇宙整体的必然性，以及独立于社会群体之外而又能以自己的意志主动对待"自我"的特征越发明显，这就与中国传统崇尚"无我"为最高境界的思想理念形成鲜明对比。

3. 两类"自我"的转换

通过上述讨论不难发现，在西方思想大潮中，虽有以马丁·布伯和伊曼努尔·莱维纳斯为代表所倡导的"他人"优先的思想理论，但是，"自我"优先在传统西方哲学占有主流地位。同时，不管是"自我"优先，还是"他人"优先，都未摆脱西方传统哲学主客二分的实体思维的窠臼。这与中国传统思想文化中所蕴含的人与人之间的关系思维是截然不同的认识路径。然而，这并不意味着关系思维与实体思维无转换的可能。现代西方哲学思潮最为明显的趋势就是对现象世界的关注，它与人参与"游戏"或构造方式内在相关，而不再完全相信任何依据某些概念或规则推衍出的东西。这种对"逻辑中心论"所做的批判解构了西方传统形而上学的思维模式，认为现象显现于人自身在原发境遇中的相互引发。"人"作为特殊的存在者，与存在相互纠缠在一起，并最终决定存在的显现（张祥龙，2006：191）。马丁·海德格尔的"此在"颇有道家"天地与我并生，而万物与我为一"的关系思维的味道。

具体联系到本节讨论的内容，"自我"的两种类型在东西方人身上都是存在的。那么，由"互倚型自我"向"独立型自我"的转换就是要以"主体—客体"为基础，以发挥"自我"的主体性为前提。中国传统的"互倚型自我"主要是指社会群体关系上的相互依赖，缺乏西方人对宇宙自然之必然性的考量，因而对理性思维和自然科学缺乏足够的重视。事实上，如果一味地强调"互倚型自我"，把"自我"的个体性湮没于"自我"属性化之中，过度依赖社会群体和他人，放大"自我"属性化的特征，往往会抹杀"自我"的个性和创造性。清代画家松年《颐园论画》中有一句："卓识高见，直超古人之上，别创一格也"（松年，1984：32）；清代著名画家石涛以及明清之际的许多文人学者也都积极倡导"自我"的重要价值。石涛的《画语录》中就有："我之为我，自有我在。古之须眉不能生在我之面目，古之肺腑不能入我之腹肠。我自发我之肺腑，揭我之须眉。纵有时触着某家，是某家就我也，非我故为某家也"（徐小虎，2014：26）。说明"自我"是主体，"他人"则是从属。而在"三川使予代山川而言也，山川脱胎于予也"一句中，山川和我的关系是，我是主体，而山川是从属。明代画家唐志契提出，画要画出"山性即我性，山情即我情"，写水要写出"水性即我性，水情即我情"。"画写意者，正在此著精神，亦在未举笔之先，预有天巧耳。"（唐志契，2015：71）这些思想都在强调"自我"的原创性。因而，有必要将"自我"的个体性从其所在的社会群体中突显出来，使其应有的个性和创造性得以充分发挥。

从"独立型自我"转换为"互倚型自我"，首先要明确在中国文化背景下，"自我"背后的"本我"才是"自我"得以存在，并能够显现"自我"价值的关键所在。"本我"与其他事物既然都是宇宙整体之网上的交叉点，因此，只有悟到"本我"，也就能悟到其他任何事物都是一个交叉点，这样就不会执着于不同"自我"之间的僵硬对立，而是承认并且接受彼此之间相互交叉，相互融合，而且会随着具体情境的变化，相互转换。进一步地说，要悟到不同的"自我"不是独立不依的实体，而是交叉点。换言之，固守实体思维，必然导致的是非此即彼的僵硬对立。因此，要实现从"独立型自我"转换为"互倚型自我"，就必须突破实体思维的局限性，在由不同的"自我"之间的节点建构起的整体境遇中体会彼此的交融性。其次，从"独立型自我"转换为"互倚型自我"，不仅要反对事物之间僵硬对立的观点，更为重要的是不能执着于"自我"与他人的对立，反对"自我"为中心的观点，因为每个"自我"都是同一个宇宙网上的交叉点，不同的"自我"之间息息相关，休戚与共，能在"我"中看到"他者"，在"他者"中看到"我"。张载在《西铭》中有"民，吾同胞，物，吾与也"，其中的"民胞""物与"就是要破除"自我"与"他者"的僵硬对立，达到人我无间、天人合一的境界。总之，西方社会推崇的自我精神具有一定的独创性，这在一定程度上是值得认真借鉴的；同时，只有在尊重他者差异性和避免自我膨胀的基础上，才能到达"万物不同而相通"的境界（张世英，2016c：72）。

3.4.2 隐喻能力不足

隐喻能力不足是取象与抽象冲突的结果。更为具体地说，是习惯了明喻的汉语母语者不善于用隐喻的方式表达自己的观点，也很难理解英语隐喻的准确含义。有学者指出，隐喻能力不足是英语表达不地道现象的主要原因（姜孟，2006：27-72），也是英语阅读障碍产生的根源之一（袁颖，2005：31-33）。

需要解释的是，隐喻能力是指个人能够洞悉在种属关系上完全不同的两个域之间的相似点，进而能够用一个域谈论或者理解另一个域的能力。具体表现在，能够使用和意译隐喻、领会隐喻的有效性和根据既定的场景利用正确的隐喻进行表达，以及评价其他交流参与者隐喻表达正确性的能力（Deignan et al.，1997：352-360）。阿恩德·威特（Arnd Witte）认为隐喻能力并不局限于语言能力，它与知觉世界紧密相关，代表了人类思考和隐喻行为（Witte，2014：284）。同时，隐喻能力建立在特殊认知模式或者范畴内清晰的观念框架之上，是对所谓"认知流畅性"的反映。"认知流畅性"说明认知主体在深入理解概念—对象关系时，能够在高层次上把握其中的认知模型和概念模型，以及两者在深入理解世界时发挥的作用（Danesi，1992：489-500）。珍妮特·利特尔莫尔（Jeannette Littlemore）也表达了相似观点，她认为隐喻能力就是感知和创造不同概念之间的隐喻关系（Littlemore，2008：199）。隐喻能力还被认为是行为能力的实例，即专注于以隐喻的方式对语篇进行加工的能力，也是母语者所具备的基本能力。对外语学习者而言，隐喻能力指能够在一个特定的情境下，采用与母语者相同或者近乎相同的概念范畴（Harden，2009：119）。当缺乏隐喻能力时，语言产出实际上就是用目的语单词和短语承载母语概念而已，其目的语产出中所显示的是具有其母语特征的认知特点。

从狭义上说，隐喻能力是一种有意识地以彼思想内容的名称指代此思想内容的能力，只要彼思想内容在某个方面相似于此思想内容，或多少与之类似。从这个意义上说，隐喻就是一种翻译，只不过和语际转换意义上的翻译不同。如果将隐喻界定为翻译的形式，它必然介于两端概念之间，且不依赖于任何一端概念的意义；它的发生是在作为给定的始端和终端的这两个意义之间发生了概念化过程，导致从一端向另一端的转化，从而使一端得以在语义上替代另一端，在能指与所指之间建构起意义的关联（卡西尔，2017：112）。那么，隐喻能力所表现的必然是思维与语言以一种积极的方式达成共识，同时兼顾语词的禁忌、文化基因、语句结构的确定方式以及相互关联，并以一种客观形式确定下来，在文字交错间实现情感表达的认知能力。而在汉英互译的实践中，隐喻能力不足是影响汉英互译效果的主要原因之一。如果做进一步的探究，隐喻能力不足可以主要归结为如下两方面原因。

首先，隐喻能力不足源于文化背景知识匮乏。具体地说，就是不能有效地对母语和目的语中的文化编码进行转换。为了理解隐喻，有必要领会某一特定文化对某一特殊事件、地点或者人物的衍生含义和评价。文化本身广泛利用了概念隐喻，因而要正确理解和使用目的语就必须掌握目的语和母语之间存在的文化倾向的差异。近年来，对隐喻的有效性研究已不再囿于经验层面的连贯性，而是受连接主义理论的影响开始关注隐喻与情境的吻合程度。尤其是对易产生歧义的隐喻（ambiguous metaphor）而言，情境直接关乎对该隐喻的解读是否准确。这一观点对概念隐喻理论提出了挑战，因为隐喻的含义不再是简单来源于概念图式、隐喻意蕴或推断。隐喻的解读会随着情境变化而发生变化，因此，隐喻的理解无法脱离具体的情境。在现实的生活中，隐喻是在"个体"层面产生的，它连接的概念在特定的情境中被使用。换言之，隐喻中包含的概念是为某一特定意义的产生而被情境化（Kövecses，2010：17）。与情境有关的信息与传统概念隐喻"共同辅助"人们对隐喻的理解（Kövecses，2015：45）。其中，在与情境有关的信息中，一个重要组成部分就是社会文化因素，它在很大程度上决定了隐喻使用的差异性。不同社会文化情境、社会与个人历史会造就不同的体验，进而产生不同的认知倾向。因此，译者必须关注情境在隐喻意义建构中的重要作用。情境会影响我们对隐喻的理解，而且管控隐喻在具体交流情境下的创造、使用和理解方式。隐喻中包含的思维模式及特点只有与其所在的社会文化社团的思维模式相统一，才能被理解和接受。

进一步讲，隐喻能力具有跨文化的特征，即一种较强的文化敏感性。在以乔治·莱考夫为代表的学者看来，隐喻是基于人类涉身的体验，对于基础隐喻的获得并非人类有意识的选择，而是无意识且自动发生的。也就是说，普遍的基本的身体体验产生了普遍的基本的隐喻。具有非普遍性隐喻的数量与普遍隐喻的数量似乎一样多，隐喻的多变性与隐喻的普遍性一样重要。隐喻多变性以不同的方式展现出来，其中最具代表性的是一个特殊抽象的域，以跨文化的方式被理解。同时，隐喻并非一定是基于身体体验，很多隐喻来源于文化层面的考量和各种认知过程。隐喻自身的文化敏感性使我们可以基于与言说社团达成共识的源域谈论一些话题。它还使得我们可以捕捉到一些在源域中发生的有趣的跨文化迁移，以及与目标域相关联的内容。语言不同，隐喻变化自然也很明显（Kövecses，2005：68）。因此，概念隐喻在特定层面所显示出的变化不仅是一种变化的发生，而且是文化为了某一特别的目标域使用的一系列源域。或者相反，一种文化为了概念化一系列不同的目标域而使用某一特殊的源域。

例如，"The angry person is a pressurized container."（一个生气的人是一个充满压力的容器，用来形容某人非常生气）一句采用隐喻的方式，使语言表达接近普遍化，在极其广泛的层面上发挥作用。这同时意味着它并没有说明很多可以被说明白的事情，诸如是什么样的容器，容器中的压力如何增加，容器是否被加热，容器中填满什么样的物质，如果容器爆炸会是什么结果。该隐喻建构起一个普遍的模式，里面填充了各种各样特殊的具有文化特征的内容。换言之，从普遍意义上说，概念隐喻是通过特殊文化方式在某一特殊层面上被示例说明，这就是一种跨文化的变化。正如汉语中"生气"的概念是通过"气"来表达，"气"本身在中国传统文化中是一个很有特色的范畴，它是借助直观体验获得的一种生机盎然的存在（王前，2005：66）。中国古代具有生命活力、变化不已的"气"，在现代可概念化为"生命能量场"（vital energy field）（安乐哲，2017：67）。这个生命能量场不仅是弥漫性的，作为一切事物的共享条件，使它们彼此延续不断，也作为一切特殊性事件得以显现的媒介，一切事物彼此构成的媒介，是任何以事物关系与之相关联的特别结构。医学人类学家冯珠娣（Judy Farquhar）指出："气既是结构的也是功用的，是材料与时间形式的统一体，只要找出来任何一面而析之，它就失去所有连贯性"（Farquhar，2020：20）。"气"具有变化的动态属性，在形容一个人"生气"时，汉语中有"怒气冲冲""气冲斗牛""杀气腾腾"等表达。不同于英语中概念隐喻对概念特征的描述，汉语用具有无形而健动，可感知而又是非实体的"气"来说明"生气"这种情绪的动态属性，具有明显的中国传统思想文化特征。

此外，隐喻能力不足与汉语母语者抽象思维不发达有关。逻辑学与认知科学的研究证明，隐喻并非不具有逻辑性，相反，隐喻所揭示出的事物的本质恰恰说明了它在本体与喻体概念维度相似性的创建、意义的默示、理解的生成等方面都显示着逻辑特征。换言之，隐喻的形成是通过借助抽象思维对语义单元逻辑内涵的重新排列整合，构造出新的语用语境，从而通过一种曲折意义传达特定的认知内容。具体说来，概念隐喻中包含的分类逻辑类型层级主要有两种形态：其一，分类的类型层级表现为"属于……的一种或者一类"以及"是……的一个例子或者实例"两种形式。以科学隐喻"原子是微缩的太阳系"为例，原子与太阳系被纳入同一个超类型即"中心立场系统"语义场中，共同继承了该超类型语义内涵的关键性的原特征。通过肯定性的映射关系使得两个概念域之间发生一种有理由的选择,因此,该科学隐喻的意向性能够得到适当的确定性的评价(Ricoeur,2003:21)。其二,部分—整体关系的类型层级,即语义整体与部分之间的单向包含、依赖关系与双向类比、映射关系的统一。在部分—整体关系的类型及结构中,概念由"属于……的一个部分"或"作为……的整体"这样的双重关系而获得界定与理解。作为隐喻特例的提喻是指直接基于部分—整体关系的转换。例如,"He was the Edison of this century."(他是这个世纪的爱迪生。)一句中,爱迪生(Edison)指代的是"极具创造性的发明家"。爱迪生和"极具创造性的发明家"构成了一个不可分割的整体,例句中的主语与"极具创造性的发明家"之间是一种包含的关系。由此,本体与喻体是通过部分—整体层级的映射而建构起来的。隐喻体现的是事物之间的"连接的关系","两个事物构成一个有形的或者抽象的整体,其中一个事物的存在包含于另一个事物的存在之中"(陈新仁、蔡一鸣,2011:97)。

可见,隐喻思维将两个相关命题结合在一起加以使用时,抽象出两个事物在某一概念维度的共同点,从而推出新的命题,由此,对知识的扩张具有革命性的意义。其对于本体和喻体种属关系的考量具有鲜明的逻辑分类的思维特征,通过喻体对本体的属性问题给予准确判断和定位。而中国人自古就注重从关系的角度来理解事物或把握世界,不习惯从孤立的角度来理解事物或把握世界。这实际是对相关性问题的深刻思考,主要表现在对绝对或独断的理论或思想予以破除。同时,区别于西方逻辑主要是对形体结构、语法结构的分析,以及对不同事物中共性的追求和揭示,中国逻辑思维虽然也是沿着分类方向发展的,但它是在探寻差异性和多样性方向上发展起来的,通常与综合方法保持着更为紧密的关系。由此,中国逻辑分类发展起来的是一种综合性思维。它不像西方逻辑注重对概念本质和外延的确定,而是注重概念内涵的多样性以及对应性(吾淳,1998:240)。因此,在汉英互译中,汉语母语者往往不善于抽象概括出事物间的本质特征,也必然不习惯在逻辑分类之后对事物的本质特征给与恰当的隐喻式的描述。

3.4.3 例证分析能力不足

例证分析能力不足主要是直觉与逻辑差异产生的结果。王前认为,

"习惯直觉思维为导向的中国人往往从定性角度判断事物的性质和价值，难以发现与感官印象和常识不一致的、更深刻的本质特点和规律性"（王前，2005：83）。具体表现在，在用英语表达时，把对事物本质的理解与事物本身融合在一起，并未对其进行抽丝剥茧式的逐层分析与论证；在理解英语表达时，不擅长将事物本质特征从事物本身当中抽离出来，形成对事物本质特征的一般性认识。更为具体地说，在直觉思维作用下，汉语母语者习惯借助语法和词汇的衔接猜测语义，较难深入字里行间，透彻理解其中的隐含意义，把握语段内所暗示的逻辑或隐含的逻辑关系，由此造成其英语表达生硬，对英语的理解缺乏连贯性。

1. 对"象"的特殊偏好

例证分析能力不足与中国古人喜欢观察，注重从具体事物本身直接洞察到其本质的思维特征有关。中国古人发现许多事物或性质通常与固定的"象"相伴随。换言之，"象"与事物及其性质的这种伴随关系是普遍存在的。因此，通过把握某种"象"，就有可能把握该种"象"所反映事物的本质。同时，"象"具有各种提示作用。这既包括对某种存在（有）的提示，也包括对某种性质（是）的提示（吾淳，1998：51）。换言之，"象"既包括对即将发生什么的提示，也包括对应当怎样去做的提示。例如，《论语·颜渊》中提到："夫达也者，质直而好义，察言而观色，虑以下人。在邦必达，在家必达。"意思是说，所谓达，就是品质正直，遇事讲礼，善于揣摩别人的话语，观察别人的脸色，谦恭地对待他人。这样的人，在诸侯国做事必定会通达；在卿大夫家做事，也必定通达。这也是"察言观色"一词的由来，即通过对他人面部表情及情绪的直觉判断，形成对其本质的认识，从而决定自己下一步应采取的行动。

进一步说，直觉思维的形成与中国人想"象"能力较为发达有关。中国人的直觉思维秉持的是一种横向思维，它所追求的是隐蔽于在场的当前事物背后之不在场的，然而又是具体的事物。因此，它要求把在场与不在场的事物、显现的事物与隐蔽的事物结合起来。直觉思维要达到对各种不相同的事物相互融合的整体的把握，即天地万物之相通、相融的境界。要实现这个目标，认知主体需要依靠想象（"想象"一词的来源前文已提过，此处不再赘述）。因为"象"是整体认知的结果，因此认知主体需要从整体上识别"象",了解"象"与"象"的联系,体会"象"的象征之意。由直接看到的事物形态出发展开联想与想象,认知主体追寻蕴含其中的事物或与之相关的事物,在一个更高的整体性层次上来理解直接看到的事物。

"象"对汉语表达的影响非常深刻,以中国古代文学为例,它是沿着抒情与表意方向发展起来的,而不是像古希腊沿着叙事的方向发展起来。古希腊沿叙事发展起来的作品以事件为中心,叙述其来龙去脉,条理清晰,结构完整,有着典型的故事包含其中。无论是在早期的史诗中,还是在后期的戏剧中,都表现得非常清楚。从某种意义上说,这也是古希腊人逻辑与语词系统紧密联系的体现。而中国古代的文学与史学,叙事与表意从很早就已经发生分离。叙事或掌史已经完全职业化了,因此,文学并不承担叙事或史记的任务。同时,由于受到南方地区抒情与表意系统的深刻影响,中国的文学系统从战国开始逐渐形成一种具有丰富想象力和浪漫色彩的风格样式,其特点是自由、散漫、随意、无所不包且不拘一格。例如,《离骚》中"吾令凤鸟飞腾兮,继之以日夜;飘风屯其相离兮,帅云霓而来御;纷总总其离合兮,斑陆离其上下",将各种现象汇集在一起,想象力丰富之极。

对"象"的特殊兴趣使得汉语表达总是包括无限的可能性,它扩大了思维所把握的可能性的范围,蕴含了思维所达不到的可能性。例如,通过"象"所透露出的意蕴来领悟"道",可以说都源于"道"之为"象"和对这种"象"所做的诗体语言的描述。这不可能通过概念思维的分析解释得出公认的解释,只有在"象"营造的意境中才能得以领悟(王树人,2012:11)。

2. 中西思维中"想象"的差异性

值得注意的是,中国人擅长的想象不是形而上学意义上的想象,后者遵循的是"想象—影像"的模式,就是把外在对象看成是"原本",而意识中对"原本"的模仿就是想象的东西。中国人擅长的想象是把不同的事物综合为一个整体的能力,具体地说,就是把出场的事物和未出场的事物综合为一个整体的综合能力。它颇似伊曼努尔·康德提出的"三重综合"中的第二重综合,即"想象中再生的综合",即此时此刻出现在我们眼前的是在场的、不在场的、非眼前的东西也会同时再现、再生,是一种非现实的潜在的出现,一种想象中的出现。所谓非现实的、潜在的出现,就是说保留了不在场的事物之不在场的性质。但唯有通过这种出现,才能与当前的、在场的事物结合为一个共时性的整体,正是这个整体构成我们想象的空间,它使不同的东西——在场的与不在场的、显现的与隐蔽的、过去的与现在的……互相沟通,互相融合(约翰·塞尔,1999:43)。

然而,伊曼努尔·康德的"想象中再生的综合"观点只是揭示了想象的融合和再生的功能,未能解释中国人何以能够通过想象,利用有限的汉字阐明极为深刻的道理,即所谓的"言简意赅"。中国传统文化语境中的"生机"一词恰恰能说明其中的精髓。"生机"是"生"与"机"的结合。"生"是一个象形字,表示在土壤中长出幼苗。根据《说文解字》的解释,"生,进也。象草木出生于土上"(许慎,2014:123)。"生"总会带来新的事物、新的形态,它同时又是自然呈现的。"生机"有"生"的特征,指的是在某种事物在生长、生产、生活等过程中,由初期相对微小的状态,有希望不断发展自身,将来取得显著收益,这里包含着发展的目的指向和价值的增长。《周易·系辞上》中有"生生之谓易",一般的解释是说生生不息,后生次于前生,万物恒生,实际上这里前一个"生"可以理解为"生命",是一个名词;后一个"生"可以理解为"生成",是一个动词。有生命的事物不断生成出来,才能保持生命的延续性,这才是作为变化之精髓的"易"(王前,2021:50)。而"机"(機)与"几"(幾)是同音同根字。"幾"的意思是"微也,殆也"(许慎,2014:78)。它由两个"幺"字和一个"戍"字合成,"幺"的意思是小孩儿,"戍"的本义是"兵守"。用两个小孩儿把守城池,显然是非常危险的事情。这种预示危险的征兆称为"幾"。"幾"含有一定的不确定性,暗指某事物发生的概率很高,因此不应被忽视。正如《周易·系辞上》所言:"惟深也,故能通天下之志;惟幾也,故能成天下之务。"意思是说,只有明了幽深事理,才能会通天下心志;只有知悉细微征象,才能成就天下事务。"幾"加上"木"偏旁,就成了"機","機"的最初含义是弩箭上的机关。一扣扳机,弩箭就会发射出去。正如《说文解字》所说:"主发谓之機。"(许慎,2014:118)可见,"機"意味着对机械运动的控制作用,并极大影响了最终的结果,其引申含义为较少的投入带来巨大的收益。汉语表达中的"商机""良机""时机"都有抓住事物的苗头就能控制事物的发展，并获得显著收益的意思。人们常说的"危机"意味着"危险"与"机会"并存，它是一个关键性的结合点，它在为转化提供"动力"时，既可能是一个"危险"，又可能是一个"机会"，这取决于一个人是否能够抓住机会，最好地利用它（王前，2017：5）。因此，当"生"与"机"结合起来，指的是"能够以很小投入取得显著收益的生长壮大态势"，也是能够一直保持旺盛活力的态势。

这一特征反映在汉语表达上，具体表现为几乎每个汉字的含义都有较强的伸缩性，组合起来后则形成强大的张力。最典型的例子就是汉语中的成语，用字精辟，无须举例说明，却能让人明白其中深刻的道理。因为，成语本身就来源于具体的事物，成语中的道理是从直接领悟的具体事物中给予的。例如，在描述极度痛苦时，"痛"的程度如何将其准确到位地表述出来，古人想到"万箭穿心""撕心裂肺""心如刀割"。古人讲的"望文生义""书不尽言，言不尽意""言外之意"等说到底都是依靠想象之力，使文字的"生机"作用得到充分发挥。

中国古人对"象"的推崇不仅造就了汉字独有的构字特点，赋予其强大的表意能力，而且使得中国人倚重想象，在言语表达时，偏向以简练的语言描述复杂的事物，阐明深刻的道理，而不喜层层分析式的推理论证。在理解英语表达时，往往很难获得其要证明的事物的特征或者属性。在汉译英时，汉语母语者往往将一些宏观的、体验性的、语境化的表述直接翻译过去，想当然地认为以英语为母语的读者自然会理解，缺乏应有的例证说明，结果造成读者不知所云，很难形成意义完整的理解。实际上，英语母语者在对感性材料进行由表及里、由浅入深的分析和综合的加工时，在逻辑思维的作用下，习惯从多样性中抽取出同一性，以至最高、最大的同一性。在论证其同一性时，又要通过具体例子加以论证和说明。在英语表达层面，体现为观点与具体事例相结合，做到有理有据。

3.4.4 层级建构能力不足

层级建构不足与汉语表达"重意略形"有直接的关系，即意会与建构之间冲突的结果。余光中在《翻译乃大道》一书中写道："英文最讲究因果、主客之分——什么事先发生,什么事后到来,什么事发生时另一件事正好进行到一半,这一切都要在文法上交代清楚,所以副词子句特别多。如此说来,中文是不是就交代得含糊了?曰又不然。中文靠上下文自然顺序,远多于文法上字面的衔接,所以貌若组织松懈……实则机警"(余光中,2014:155)。更为具体地表现在,"树式"结构与"竹式"结构的差异,以及名词与动词关系的差异。

1. "树式"结构与"竹式"结构的差异

英语结构关联的基点是由一致关系所控制的主谓结构,其他规律都以此为基础层层展开。主谓结构是印欧语系语言的一种封闭性的结构框架,各种语法问题都得在这个封闭性的框架中展开讨论(徐通锵,2008:286)。因此,不管句子结构多繁杂,按照主谓一致的基本原则,将句子中各个成分进行准确的划分,整个句子呈现出封闭性的特点。汉语结构关联的基点是字,在组词造句时不受句子成分之间一致性关系的制约,语句结构背后是非封闭结构,以语义表达通顺为基本原则生成句子。英语表达中有明显的主干结构,即主谓宾结构突出。在表达较为复杂的思想时,英语母语者习惯开门见山,直接切入主题。在句子使用上,先把主语和谓语动词亮出来,并以此为依据,运用各种固定搭配和从句结构。潘文国(1997)将汉英语言的上述差异比作"竹式"结构与"树式"结构的不同。其中,英语的"树式"结构有三层含义。

第一层意思是,句子有一个基本的主干,不论是哪种类型的英语句式,都离不开"主语+谓语"的运作机制,英语繁杂的形态变化集中地表现在对主谓一致的严苛要求上。在古英语中,做主语的通常是名词和代词,名词原来有性、数、格的变化。在现代英语中,性和格的变化已经消失,但数的变化保留了下来。代词有人称、性、数、格的变化,至今仍被保留着。在英语中,动词用来做谓语,动词有人称、数、时、体、态的变化。在人称和数的问题上,英语的主谓必须保持一致,不同人称和数的主语要配用不同的动词。正是通过这些缜密的联系,才使得不管多么复杂的英语句子,通过成分和结构的划分,读者或听者可以较快地锁定其核心的句子结构。"树式"结构的第二层意思是所有的枝杈都是从基干上派生出来的。英语六大成分包括三个层次:主语和谓语是主要成分,是所有句型不可或缺的；宾语和补语是连带成分，是有的句型不可缺失的；定语和状语是附加成分，一般来说，对句子的基本格局没有影响，凡是名词性的成分都可加上定语，凡是动词或形容词性成分都可以加上状语。对英语句子的分析也可按照这个顺序，先把句子分析为主谓两个部分，再在谓语部分把动词及其连带成分划分开来，然后进行其他成分的划分。就好像大树，先有主干，然后分出较粗的树枝，较粗的树枝上再分出更细的树枝，然后再长出各种树叶。树叶的残缺并不影响大树的基本格局。"树式"结构的第三层意思是英语句子的扩展或者说复杂化仍是在主干的基础上进行的。事实上，英语的句子成分与词类之间有比较明确的对应关系，如名词——主语，动词——谓语，形容词——定语、补语，副词——状语。在英语表达中，之所以采用两套说法，是因为句子成分还可以复杂化，担任句子成分的不光可以是单词，还可以是短语和从句。它们在句子中的作用只相当于一个词。因此，不管英语句子看起来多么复杂，最后都可以归结为几个基本的句型框架。英语句子的扩展或者复杂化是在不改变句子基本主干的基础上，通过把单词替换为短语、从句，或者通过从句内叠加从句等方式实现。因而，要获得对英语语义的准确理解，使其关系结构清晰化是十分必要的。

　　汉语句子一般简短明快，很少长句。即便是长句也不像英语一样盘根错节十分复杂，而是借助表示动作的字，按照动作发生的顺序，或逻辑顺序，逐步交代，层层铺开。如范仲英所言："恰似一根春竹，一节之后又生一节，中间掐断无伤大雅"，因而常被比作"竹式"结构。具体可以从三个方面展开分析：第一层意思，"竹式"结构意味着汉语没有明显的主干结构，也就谈不上主干和与枝杈之分。在汉语表达中，所谓主谓句和非主谓句各占据一半，在文言文中主谓句更少。在这种情况下，以主谓结构作为句子的基本形式就没有什么意义。进一步地说，英语的主谓关系依靠一致关系这个形态范畴来维系，由于汉语表达不存在形态，当然就没有必要一定要遵循主谓关系。没有了主谓结构作为主干，自然也就不存在与主干相对的枝杈成分。在英语表达中，枝杈的作用远不及主谓结构。而在汉语表达中，枝杈成分常常比主干成分重要，因为汉语语句的意义及结构的中心往往要依靠枝杈来完成。"竹式"结构的第二层意思是汉语句子的构造方式就像竹子一样是一节一节连起来的，"竹节"可多可少，具备开放性特征，这一点符合汉语句子界限较为模糊的特征。句子和段落的连接通过不同的关系和形式实现，可以依靠语义，也可以依靠语音。"竹式"结构的第三层意思是，汉语句子扩展时会引发句子结构的不断变化。汉英语句在构造上体现为"散点透视"与"焦点透视"，前者通过语句结构的扩张，去铺垫和渲染语言表达的意境；而后者可以将十分复杂的语句结构收缩到最为基本的主谓宾结构，从而实现对言说对象的聚焦。

2. 名词与动词关系的差异

就名词和动词的划分来看，汉语名词和动词的关系呈现名词包含动词的"名动包含"格局，而不是像印欧语那样的"名动分立"。具体说来，在汉语中，这两类词的分布属于"偏侧分布"，即名词一般做主语和宾语，动词既做谓语又做主语和宾语；名词一般受形容词修饰，动词既受副词又受形容词修饰；名词一般用"没"否定，动词既用"不"也用"没"否定，汉语的动词全是"动名词"（沈家煊，2016：43）。例如，"呼吸"既是"breath"又是"breathe"；"出现"既是"appear"，又是"appearance"。"名动包含"不仅指名词包含动词，还指名词短语包含动词短语，因为名词短语和动词短语的分布也呈现出"偏侧分布"。汉语的名词和名词短语就是指称语，动词和动词短语就是述谓语，所以"名动包含"的实质是"指述包含"，指称语包含述谓语，述谓语也是一种指称语，即指称动作或状态的指称语。汉语句子的谓语因此具有指称性，根本上属于指称语（沈家煊，2017：4）。以"有"的性质为例，在类似"我（有）去过美国"这类句子中，"有"通常不出现，如果出现，其目的在于强调；同时，从结构平行性来看，"有"作为动词，"去过美国"是指称性的宾语。"有"的出现使得谓语指称性立刻凸显出来。

汉语"名动包含"的格局跟中国哲学关于"物"和"事"关系的论说一致。郑玄在解释《礼记注·大学》中的"物"时提道："物犹事也。"之所以有这样的理解是因为"事就是物""事就是抽象的物"。这样的认识对中国人来说不言自明。"名"当然不限于具体"物"的名，也包括"事"和"性状"的名。东汉刘熙在《释名》一书中提到："天地山水""父母兄弟""日月星宿""眉眼舌齿""笔墨纸砚""鼓瑟笙箫"指物；"趋行奔走""视听观望""坐卧跪拜""咀嚼吐喘""啜嗟噫呜""好恶顺逆"指事和性状。可见,汉语的谓语属指称语,使得这些发挥名词作用的汉字可以直接做谓语的主要原因。这也表明汉语是以名词为本的语言,而非像印欧语那样以动词为本(沈家煊,2017:6)。

事实上,"名动包含"的格局反映了名与实之间"耦合"性的特征。"耦"原意指"耒广五寸为伐,二伐为耦"(许慎,2014:87),即两人并肩耕地。在物理学中,耦合是指两个或两个以上的电路元件或电网络等的输入与输出之间存在紧密配合与相互影响,并通过相互作用从一侧向另一侧传输能量的现象。"名实耦"的特性是指"名"与"实"在汉语语句中的地位是并置的,且是相互作用的。这一特征自然会衍生出汉语句子"话题—说明"的特征。具体表现在:汉语句子中一般"实"在前"名"在后;"所谓"在前,"所以谓"在后。《墨经》里讲,"所以谓,名也;所谓,实也","所谓—所以谓"十分接近于现在说的"话题—说明",这个序列符合信息的自然排序。"名"和"实","所谓"和"所以谓"之间具有的耦合性意味着语流中同一成分相对前头是"名",是"所以谓",相对后头是"实",是"所谓"。所以,汉语表达中常出现"话题链"式的表达方式(沈家煊,2017:11)。例如,《中庸》中就有:"唯天下至诚,为能尽其性;能尽其性,则能尽人之性;能尽人之性,则能尽物之性;能尽物之性,则可以赞天地之化育;可以赞天地之化育,则可以与天地参矣。"其对"诚"的解说就是以典型的"话题链"方式,一步步推进,达到对"至诚"境界的揭示。

作为汉语表达重意轻形的具体表现,层级建构能力不足问题反映了汉语以"名"为本的特征,而这与中国哲学历来重视"名"和"实"的关系紧密相关。"名"与"实"之间的耦合性模糊了主谓之间的界限。英语表达"重形合",结构中有明显的主干结构,即主谓宾结构突出,犹如树的主干。汉语母语者在英语表达时,常常多个动词连续叠加,即一个句子中出现多个谓语动词,主干结构模糊,树式结构搭建失败。在理解英语表达时,面对盘根错节的英语语句结构常常很难通过句子结构的划分,掌握准确的语义。换言之,汉语母语者习惯在语境中领悟语义,而不习惯在复杂的结构中分析出语义,这与其逻辑思维不发达也有着很大的关系。

3.4.5 "是"概念不发达

"是"概念不发达是变通思维与规定思维冲突的结果。在汉英互译中，具体表现为，不习惯以下定义的方式，而是以描述的方式表述观点；在理解英语表达时，对事物的内涵和外延很难做到准确把握。更为具体地说，关系思维使得中国人习惯从整体上观察事物，对事物不太讲究分析，更多地注重直接描述。在思想上，将对象的各种属性、方面、特征等联合成一个整体。在语言上，强调全面、周到，旨在突出整体性的综合概括框架。

1. 汉语中的"是"

以对"是"的理解为例，从古汉语到现代汉语，"是"具有多种含义，而非仅对"是非"做出判断。换言之，在汉语中，"是"本身就具有不确定性。表现在语言层面，汉语表达常给人以无所谓"是"是什么的感觉。"无所谓"就是没有可以依据的对象，庄子称这样的情形为"道枢"者。伍非百曰："执此'道枢'以应是非，可以横说竖说，正言反言。无是无非也，可。或是或非也，可。亦是亦非也，可。俱是俱非也，可。"（伍非百，1983：658）所以，汉语表达不习惯说"是什么"，而是"好像或者可能是什么"。

事实上，汉语是一种偏重过程的语言。安乐哲等将其称之为"焦点与场域的语言"（the language of focus and field）。它假定了一个由相关各种过程和事件彼此作用的场域所构成的世界。在那样的场域之中，并不存在一个最终的因素，只有在现象场域之中不断变化的焦点，并且，每一个焦点都从各自有限的角度出发，从而来聚焦整个场域。因此，汉语表达包含了对一个过程和变化世界的诸多洞见。它允许用一种过程和事件的相关性语言来替代那种有关个别客观事物的指涉性语言（安乐哲、郝大维，2011：27）。因而，汉语不像英语一样要求将所有关系化为外部行为关系的关于线性因果关系的语言，而是预设了有关自发的、交互性的各种关系的复杂关联的场域，也就不可能有像英语那样追求明确性、单一性和规定性的目标。

此外，汉语表达对过程性的偏重反映了在中国人世界里的事物不是客体，而是处在一个关于变化着的过程和事件的联系场域内部的各种焦点。而涉及各种非客体化、非事实化的话语属于过程性语言，言说和聆听这种语言就是去体验事物的流动和变化。在汉语中，各种含义在一个变化的、有关意义的场域之中既彼此暗指又彼此确指。而英语作为实体性特征突出的语言,其表达的是一个以"整体"和"部分"为特征的种属世界,这个世界以非连续性和寻求恒久性为模式。在这样一个世界之中,"变化"根本上只是不变者的重新安排而已。与之相比,汉语显示的是一个始终处于流动状态的世界,在这样一个世界中,任何成分都无法最终被固定为"是什么",而必须被视为各种转瞬即逝的状态,这些状态不断地成为其他的,但又彼此相关的世界。因此,当其最终被呈现出来的时候,虽然具有语言标签,但却诉诸在言说过程中意义的涌现,它往往是暗示、提示或者联想,却鲜有某种固定的指涉。

进一步地说,对"是"界定的差异反映了"中心"与"周边"谁发挥着决定性的作用。西方传统形而上学以在场者为中心,而且认为在场者是起决定性作用的东西,不在场者是第二位的,甚至是不真实的。而中国哲学强调中心与周边不可分,而且周边是第一位的。构成中心的周边因素是无法穷尽的,任何一个事物或一个语词的内涵需要由一连串的其他事物、其他语词来说明(张世英,2014:303)。所以,"是"概念不发达问题是汉语思维迁移到用英语表达时造成的问题,必须从思维模式比较的角度加以审视。

2. 英语中的"是"

在英语中"是什么"要以定义的形式清楚地表述出来,也就是一定要有一个明确的结果,这源于传统西方哲学对"存在"的崇尚。早在远古时代,西方思想家就认为"存在"优先于"生成"。虽然,古希腊哲学的本体论传统表现为一系列的理论形式,但是,所有不同形式的本体论所共同具有的最普遍特质之一就是认为"存在"(being)是"存在者"的基础。在其作为基础的功能中,"存在"被理解为是永恒不变的和静止的。古希腊人对静止和恒久不变的偏爱可以通过那些数字和形而上学思辨方面的发展而得到说明,从而也导致了量化和非连续性观念的形式化。对柏拉图而言,存在是作为数学模式或形式的理念;对德谟克利特而言,存在是宇宙虚空论中做涡旋运动的原子;对亚里士多德而言,这个世界是有特定目的出现并且是由可以定性的实体构成。而对于反对本体论的智者学派来说,世界是由人类的各种信念和判断构成的,"人是万物之尺度,既是存在的事物的尺度,也是不存在事物不存在的尺度"(Hall,1982:103)。

因此，将"存在"视为不变、固定和静止，这样一种思想传统所提供的是一个固定的现实存在，与其并生的是建构概念、字面定义、逻辑本质和自然的种类。英语也就不可避免地成为一种指涉性语言，即对一个事件、客体或事态的特征的描述，要么通过命名的方式去显示某一特定个体，要么通过归类的方式去将个体界定为某一类或者某一种。对"是"的执着追求体现了古希腊哲学思想延续下来的对本质和属性这些抽象问题的关心，同时，为语言学的介入提供了良好的条件，因为语言本身也是抽象的。换言之，"是"的存在恰好说明了思想和语言之间存在着天然的桥梁。例如，"人是高级动物""语法是一种知识"，对这两句话的分析显现的是"人"与"语法"的本质及其属性的理解。同时，它们又体现了作为主语的"人"和"语法"与作为宾词的"动物"与"知识"之间的语词关系。在这里，概念是通过语词表现出来的，判断和推理则反映了语词之间的关系，这中间隐含的是将逻辑思维转换成语词形态的过程（吾淳，1998：353–354）。进一步地说，英语中的"是"不仅体现了英语最基本的语法框架，其重要性还体现在它本身也是逻辑的框架，是"思维的界限"。只要是用英语表达出的意义，就必然包含"to be"或者"not to be"。在英译汉时，"being"既可以译成"是"，也可以译成"存在"，原因在于"是"就是对"存在"做出明确的回答，"是"本身即为思维的对象，"是什么"是思维思考的内容。当某一事物被言说成"是什么"，在逻辑上，也就是对它"不是什么"的认可。"being"所表现的是英语母语者的一种对象式的思维，即一种"垂直型"的逻辑思维模式。

3.5 本章小结

本章从哲学视角对汉语母语者在汉英互译中思维模式冲突暴露出的认知弱点，即"主体性不突出""隐喻能力不足""例证分析能力不足""层级建构能力不足"以及"'是'概念不发达"展开分析讨论，它们分别是"关系"与"实体"、"取象"与"抽象"、"直觉"与"逻辑"、"意会"与"建构"以及"灵活"与"变通"冲突的结果，也是汉英互译中思维模式冲突在哲学层面的具体表现。基于此，下一章将针对如何化解上述问题，提出汉英互译中思维模式调适的具体路径。

第4章

汉英互译中思维模式调适的路径

汉英互译中思维模式的调适，是在认识并掌握汉英思维模式的特点、差异性以及两者产生的根源的基础上，使其中包含的规律完全解蔽，不再具有异己性，变成与自由意志相统一的内在必然性，使得思维模式的调适超越自发状态进入自觉状态。列宁曾经说过："一切概念毫无例外是相互依赖的"，因而才有"一个概念向另一个概念的转化"，"一切概念的毫无例外的转化"（列宁，1993：210）。更为具体地说，汉英思维模式调适指的是，不同思维模式之间的调适不是跳跃式的，而是在分析其差异性的基础上，找到各自包含的思维结构的对应关系，使得一种思维结构可以通过适当的训练顺畅地转换成另一种思维结构，或者说自觉地调整一种思维结构相关要素的关系，使之重新组建成另一种思维结构，从而实现较为顺畅、规范、易于理解的表达。

4.1 汉英互译中思维模式调适的基本原理

汉英互译中思维模式调适具有明显的跨学科特征，涉及多个学科的理论和知识。本节主要介绍与汉英互译中思维模式调适关系较为密切的一些相关学科的理论内容，这些内容直接或间接影响着汉英互译中思维模式调适的具体操作过程和质量。

4.1.1 汉英互译中思维模式调适的含义

汉英互译中思维模式的调适，是在认识并掌握汉英思维模式的特点、差异性以及两者产生根源的基础上，使其中包含的规律完全解蔽，不再具有异己性，变成与自由意志相统一的内在必然性，也就是使思维模式的转换超越"自发"状态进入"自觉"状态。关于自发性的界说，是作为与自觉性"相对"或"相反"的概念提出来的。两者的界限在于是否认识和掌握事物的客观规律。自觉性的特征是对规律性的认识和使用以及对该领域生活的掌控；自发性不是以认识和能动地运用事物的规律为依据的，亦不能驾驭事物的发展。根据唯物辩证法的观点，人类活动中自觉活动比较准确的定义应该不仅是认清目的本身，而且包括这个目的与发挥作用的客观历史规律之间不相矛盾；不仅是预见人们期望的活动结果，而且要了解这个结果的基本可能性。换言之，这个结果要同事物的发展规律相符。而自发活动是没有能力预见开始进行的活动的实际结果，不知道或者不想考虑事物发展规律的作用。可见，在唯物辩证法范畴里，自发性的定义是在与自觉性相对立中取得内涵的。界定两者的关键在于主体是否认识和运用事物规律以及掌控与之相关的理性能力（苏沃洛夫，1985：207）。

虽然自发性常常表现得杂乱、无序、没有章法，但自发的混沌中蕴含着有序和诸多可能性，并且很有可能最终转化为有序且必然的规则。因此，自发性是事物运作和发展的基本功能或者说是一种本能，它是事物发展的必经之路，也是自觉性的客观基础和前提。这就意味着，自觉的基础和前提在于正确认识到事物发展过程中自发性因素力量是不可避免的，自觉地把自发性因素作为其反思的客观物质性内容，从而自觉地给予充分认识和利用（董冰，2006：5）。此外，作为人与外部世界相接触的最初关系形态，自发性凸显的是人的他律性存在。具体而言，在自发状态下，人在与外部世界的关系中处于被动从属地位，外部世界的规律和规则是一种尚未被解蔽的异己性、外在性存在，"它作为一种外在必然性表现为对人的强制和奴役"（单伟，2006：8）。具体表现在：在汉英互译中思维模式自发转换阶段，译者在对汉英思维模式差异没有清晰意识的情况下，思维模式的调适仅仅依靠过往经验。在这种情况下，译者只能依靠文字之间的差异进行被动的调适。

由此，译者需要在分析汉英思维模式差异以及它们差异性引发冲突的基础上，根据具体的翻译任务，对思维模式进行自觉地调适，即找到各自包含的思维结构的对应关系，使得一种思维结构可以通过适当的训练顺畅地转换成另一种思维结构，或者说自觉地调整一种思维结构相关要素的关系，使之重新组建成另一种思维结构，从而使译文精准达意并易于理解。

4.1.2 汉英互译中思维模式调适的认知控制机制

熟练的译者能够在日常生活中将原语与目的语进行转换，而且能够随时根据规定的情境从目的语中挑选正确的单词。为了选择正确的词，译者需要在激活任务语言词汇的同时抑制来自非任务语言的干扰（Hosoda et al., 2012: 45）。这一过程中就是思维模式调适背后隐藏的认知控制机制。具体而言，为了使用一种而非另一种语言进行表达时，言说者需要建立语言任务图式。一项双语任务呈现的刺激会引起不同语言任务图式间的潜在竞争，为了完成预期的语言任务，就需要对这些语言任务图式进行多重水平控制，即抑制处于激活状态的语言任务图式，同时激活被抑制的另一语言任务图式（Price, 1999: 221-235）。从传统意义上讲，认知控制具有两个特点：其一，过滤环境中不相关信息的能力（干扰抑制）；其二，抑制不恰当的反应或思维模式（反应抑制）（Diamond, 2002: 466-603）。由此，我们可以推断大脑的认知控制机制能够根据不同的翻译情境，调节译者的思维结构以适应不同的翻译认知需求。

值得注意的是，在翻译过程中，语码转换的认知控制机制和注意机制功能密切相关。译者激活一种语言和抑制另外一种语言离不开"注意"，它能够在留意一些东西的同时忽略另一些东西。如威廉·詹姆斯（William James）所言："每个人都知道注意是什么。它是心理接受信息的过程。它是以一种清晰和生动的形式从同时呈现的几个物体或思维序列中选择一个对象的过程。意识和专注是注意的核心，它们使认知主体舍掉某些东西以便更有效地处理另外一些，意味着一种真正的与混沌迷惑、眼花缭乱、注意无法集中的状态相对立的条件"（Gazzanigaet al., 2011: 426）。可见，专注性对"注意"状态的建构发挥着至关重要的作用，而专注程度又与刺激的清晰度和生动度存在紧密的关系。越是熟悉的刺激经历，对认知主体而言就越清晰越生动，也就越容易被感知或捕捉到。"注意"关乎主体与刺激之间的一种关系，它的主要特征之一就是主体性，它是以认知主体为导向的心智优先选择的一种行为。"注意"使得认知主体能够加工与当前情境相关的输入、思想和行为，而忽视与当前情境无关或引人分心的刺激（王慧莉、王文宇，2012: 29）。"注意"行为出现在认知主体对整个认知背景考量过程中，而非只是作为单一功能，即"纯注意"。也就是说，"注意"

决定了心智资源的分配。

但心智选择并不会随意发生，它一定要基于相关的认知结构，这一认知结构由个体过往的认知经验和当前的认知刺激共同构成。因此，"注意"的另一主要特征就是结构性，或者更为准确地说，它是一种经验模态（experiential mode）。这种经验模态基于主体如何能够体验，而不是主体体验到了什么。它可以进一步被分为主动模态和被动模态。对"注意"的研究往往关注的是主动模态。但是，实际上"注意"经常是"被捕捉"到的，常常显现为被动模态。根据埃德蒙德·胡塞尔的观点，经验模态具有三重性的特点，亦可称为"纯被动经验模态"，它把通常被认为处于分离状态的主动模态和被动模态重新孕育成一种波谱范围，在某种程度上表现为主动，在某种程度上表现为被动。而"纯被动经验模态"自身处于该波普范围以外，它是一种更为深层的意向性构成（Jennings，2012：541）。在刺激到来之前，就已经准备好了一种给予结构，等待刺激主动地显现真身。因而，"注意"是自我对意向对象（刺激）的一种意向性活动或者说对意向对象的激活活动。

而注意机制功能又可以进一步分解为警觉、导向、执行。警觉功能的实施使大脑处于认知待激活状态，为即将到来的信息加工做好准备。导向功能即大脑对信息的取舍，认知系统可以依据信息特征、空间等因素将注意力转向与认知目标相一致的领域。注意导向可能涉及三种操作，它们是"解除当前的注意""把注意定向到新的感兴趣区域""在感兴趣区域读取信息。"这三种操作被概括为注意抑制、注意转向和注意实施。贯穿它们的核心是信息取舍，或可称为选择性注意。注意执行功能指注意机制对所选择信息的加工方式、加工速度、准确度等的决定作用，它甚至决定了该信息在后续操作中能否被再次提取。基于上述讨论可以发现，双语转换离不开认知控制机制所发挥的作用。语言任务图式出现之前，大脑便已经跃跃欲试，呈现两种语言处于共存的状态。当语言任务图式作为刺激出现以后，便启动了大脑认知控制机制，它解除了对非任务语言的注意，转向了基于任务图式的任务语言，并对任务图式进行加工。注意机制的运作从警觉、导向到执行，这三项功能完整描述了思维主体参与信息加工的过程。其中，基于注意的思维运用是保证信息加工持续朝向认知目标的关键要素（Pertersen & Posner，2012：73–79）。

4.1.3 汉英互译中思维模式调适的神经机制

通过上述讨论,不难发现,作为思维的器官,大脑具有强大的监控和调节能力,它能够解决非任务语言的干扰问题,并有地效激活任务语言,从而保证了双语转换的顺利完成。而认知神经科学技术的发展使双语转换研究在讨论双语转换的认知机制之外,为双语语言转换的神经机制提供了有效的研究途径。神经成像研究进一步证明在执行多种认知任务过程中,包括语言表达流畅性任务、错误检测、对任务的预期,大脑的前额叶和前扣带回都出现了激活(Bush et al., 2002: 523–528)。具体说来,在双语转换的过程中,避免和解决两种语言产生的冲突是非常重要的,所谓的冲突是指相互矛盾的两种反应同时被激活。例如,在命名任务中,"狗"的图示可能同时激活两种语言的词库,但是双语者不可能同时说"狗"和"dog"。这时,个体必须抑制对当前任务(一种语言)的反应,并且开始对其他相关任务(另一种语言)做出反应。在类似情境下,前额叶和前扣带回区域同时被激活,但是它们发挥着不同的作用。前额叶主要是对冲突反应起控制作用,前扣带回负责发现冲突性反应或信号。由此,产生了旨在解释前扣带回功能的冲突监测理论(Botvinicket et al., 2004: 539–946)。冲突监测理论包括四个假设:一是信息加工过程中的冲突由具体的神经机制来实现,主要由前扣带回的后部解决;二是冲突监测过程通过检测已有刺激激活的表征与任务相关表征的兼容性来实现;三是前扣带回主要是对反应水平上的冲突或信息加工阶段后期阶段的冲突进行反应;四是前扣带回是更为一般的监测网络的一个组成部分,这个网络负责注意和控制的重新定向。在冲突检测理论提出之后,大量研究围绕着相关内容展开。有些研究成果支持冲突检测理论,有些研究成果则与该理论不一致。但是,基本达到的共识是,前扣带回最主要的任务是对信息加工过程中的冲突进行探测和标记。前扣带回的激活程度与给定认知任务中反应冲突的程度有直接的关系。在行为和思维模式中存在中枢控制,这是毋庸置疑的。认知神经科学研究的关键是找出中枢控制的神经机制。前扣带回的内部组织显示出互相交替着的细胞带和与背外侧皮层及后顶叶的紧密联系,这提示着它具有一种整合的作用(朱湘如、刘昌,2005: 767–772)。作为大脑边缘系统的重要组成部分,前扣带回与边缘系统的运作有着广泛的联系。边缘系统调整着感官与内脏器官,因而又称"内脏脑"。边缘系统与思维活动相关联,协调着无意识的自主神经系统。人的情绪在思维过程中的激活作用也是通过边缘系统整合的,它常被设想为人类认知和情感的一个交汇点(孟昭兰,1989:143-145)。在翻译过程中,语义范畴干扰之所以存在是由于母语单词和概念直接联系,对同一范畴中概念的反复提取提高了概念的激活水平。概念调节首先发生,继而才发生词汇联系,从而论证了双语脑中的概念系统具有可调节性(Kroll & Stewart,1994:149-174),也就意味着思维本身具有较强的灵活性和可塑性。通过一定的思维训练,翻译者能够实现思维模式的调适,从而提升其译文表述的正确性和可理解性。

4.2 关系思维与实体思维之间的调适

关系思维与实体思维的差异是汉英思维模式差异的核心问题。要实现汉英互译中思维模式的调适,首先要探讨如何实现关系思维和实体思维之间的调适。本节针对关系与实体的差异和取象与抽象的差异,从本体论和认识对象两方面展开思维模式调适的讨论。

4.2.1 思维前结构的调整

要实现关系思维和实体思维之间的调适,首先需要调整基于母语思维的前结构。通过母语建构起来的前结构中往往缺乏对目的语认识和理解的某些因素,因而有必要将以目的语为基础的思维模式融入以母语为基础的前结构中,使原有的前结构得以扩展,从而在汉译英时,能够自觉地将关系思维调适为实体思维,在英译汉时,能够将实体思维自觉地调适为关系思维。正如米哈伊尔·巴赫金(Michael Bakhtin)所言:"致力于理解的人不应该拒绝改变或放弃自己已经形成的观点和立场,发生在理解过程中的争论导致彼此的改变和丰富"(刘晗,2017:29)。

前结构在汉英思维模式调适中的核心作用主要体现在它规定着人们以何种方式处理感知到的信息,并决定了事物最终的呈现。具体地说,从外部感知到的信息是被动加工的,加工的方式不是一个或多个现成的具有普遍性的选择,而是在信息被感知到之前,就已经具有可塑的、随机的可能性和趋向性。根据马丁·海德格尔的观点,在理解事物时,头脑并非一片空白,而是由一些已经存在的基本观念构成的前结构开始,它是一种对即将认识事物的某种期待(Heidegger,1991:191),也是汉斯-格奥尔格·伽达默尔所讲的"偏见"(预先做出的判断)(张隆溪,2014:29)。理解自身会受到其成长的家庭环境和社会环境的影响,这种影响是潜移默化的,也是难以消除的。换言之,家庭和社会环境造就了自我解读的方式。"一个人的成见远比其判断更构成其存在的历史现实","在构成一个人历史现实的成分当中,成见比判断更基本,更值得注意"(Gadamer,1989:276)。同时,前结构并非一成不变,如上所述,它与我们身处的思想文化传统和生活环境,或者说与人的根本生活体验有着密切的关系。生活体验发生变化,前结构也必然随之变化。同时,前结构是一种认识和理解的循环,其中潜藏着最基本认识的可能性,这一个过程中包含着被理解事物对前结构的挑战,理解者必须随时依据事物本身来调整前结构,才能达成正确的理解。

而对于"理解"的准确含义,按照弗里德里希·丹尼尔·恩斯特·施莱尔马赫的看法,是一种深度移情,旨在与作者的思想取得一致(洪汉鼎,2006:51)。威廉·狄尔泰(Wilhelm Dilthey)认为"理解"不同于"说明",它是深入个体内心的行为,如理解一幅画、一首诗等(狄尔泰,2001:51,106)。而在马丁·海德格尔那里,"理解"是在一个人生存的生活世界脉络中把握自己存在可能性的能力,理解并不是进入他人境遇的特殊能力,也不是在更深意义上把握某种生命表现的能力,而是"此在"在世存在的一种基本方式(海德格尔,2015:194)。"此在"(Dasein)不仅仅是与其他存在者并列的一个存在者,它在存在者身份上的特异之处在于:"它在它的存在中所牵挂和关联的就是这个存在本身。"可见,"此在"是一个存在者。而作为"人"这种特殊的存在者,它与存在有着一种特殊的关系,即它在它的存在之中所关联的就是这个存在本身。"此在"这个词的后半部分"sein"清楚地表明它作为人这样的存在者与存在的密切关系。这就意味着现象的"显现"与"人"自身在原发境域中的相互引发(张祥龙,2011a:80)。"人"作为特殊的存在者,与存在相互纠缠在一起,并最终决定存在的显现。这实际上就是现象学中讲的"意向性"活动。它要求"人"有一种超验的思维框架,需要有"前述谓""前判断""前对象化"这些潜在的预备东西(王前,2017:163),也正是这些预备东西构成了我们看待事物的"前理解"。

在翻译过程中,对原文理解障碍产生的根源在于前结构作为理解的起点,往往缺乏对目的语理解的筹划因素。因为理解是存在论意义上最基本的行为,它先于所有生存论行为。因此,它本身是关乎未来的一种筹划,即在人所处世界的位置领域内,揭示"此在"的某种可能性,解释就是把这些种种的可能性整理出来。前结构必然具有筹划性质(洪汉鼎,2011:497,514)。但是,如果筹划过程缺乏或者没有目的语之所蕴,也就是前结构中未能囊括对目的语理解的所有因素,那么结果很有可能是前结构产生的前理解或者说前判断是错误的,即产生误解或误读现象。换言之,前结构本身就包含了肯定和否定的价值标准。但是,根据汉斯-格奥尔格·伽达默尔的观点,理解的正确性不在于避免前结构,而在于确认前结构。理解是一个逐步改变的过程,此过程从先有看法开始,然后再修正这一看法,而每次修正又形成新的看法,在逐步修正中渐渐达到或接近正确的认识。用汉斯-格奥尔格·伽达默尔的话说:"理解是从先有的观念开始,然后用更合适的观念来取代先有的观念","自觉地理解不仅注意形成预测性的观念,而且要自觉注意到这些观念,以便验证它们,并且从事物本身获得正确的理解,从而达到科学的认识"(张隆溪,2014:28)。

因此,对语言现象的认识并非只是人的感官对某个现成语言对象的一种片面的、分立私有的和注定肤浅甚至歪曲的反映结果,而是要透过语言现象本身,达到对其本质的认识。语言现象是指使得一个纯粹的本原呈现的可能条件、结构、构成方式和构成结果。它必然涉及意识的行为、该行为构成的对象以及该行为构成其对象的方式。这样的语言现象既是个别的,又具有一般性。当下语言现象的显现包含前结构中潜伏的各种关系和未来的可能性。而各种关系和可能性构成了前结构中的生发机制,它是一个生发和维持住被显现者的意向活动的机制。这个机制呈现出一种动态结构,即意识不断地激活与语言表达有关的实项内容(构成语言现象的各种要素,如感觉材料、意识行为、词汇、语法及其构成方式等),实项内容以被动或主动的方式加入对更高级的意义和意向对象的建构或创造中。这一过程是连续的,以语言的形式呈现出来的同时,不断涌现出新的意义

(张祥龙，2006：191)。

为了使目的语表达更符合该语言母语者的表达习惯，译者必然要调整前结构中诸多构成要素。这其中不仅包括一般意义上词汇、语法、文化常识等的不断融入，更为重要的是，译者需要熟练掌握母语者处理感觉材料的方式和意识行为的特征，并依据事物本身，激活前结构中非对象的联系。前面说过，汉语表达是以"人—世界"（天人合一）的结构为前提，人处于世界万物之中，体悟人如何与无穷无尽的万物融为一体，在整体中把握事物之间的联系，通过内在规定性设定事物之间的界限和内在职能，语言表达的对象性特征不是很明显，偏重语境的建构。而英语表达以"主体—客体"结构为前提，作为主体的人站在客体以外追问客体的根底，对具体事物做出形而上的分析与判断。因此，在汉译英过程中，译者需要准确地把握超越事物本身的外在规定性，语言表达要突出对象性、精确性和规定性。简言之，关系思维和实体思维的调适应起始于学理上对关系思维与实体思维差别的掌握，调整自身的思维前结构，为思维模式调适做好充分必要的准备。

4.2.2 关系思维向实体思维的调适

从关系思维自觉调适到实体思维的关键在于，能够在汉语语境中将实体成分抽象出来，即在复杂的关系网中，舍弃不必要的联系，将焦点对准事物本身，从关系网中将主体或对象突显出来。换言之，为了使意义清晰地呈现出来，言说者必须要指明言说的对象，它可以源于感性世界，也可以源于概念世界。简言之，对象性是意义存在的最基本条件。在对象性缺席的情况下，言语表达很难传递出准确的意义。因此，从关系思维调适到实体思维，就是要在纵横交错的关系网中抽象出言说的对象，并将其以清晰明确的方式表述出来。例如，汉语可以说"我家里有五口人"，此句中没有明确的主语。如果按照汉语语序表达，将"我家里"作为主语，"My family has five people."，不符合英语母语者的表达习惯。这种情况下，英语母语者通常采用"there be"句型，即"There are five people in my family."，也就是借助"there be"句型来解决此句中"对象性"缺失的问题。再如，《红楼梦》八十一回有一段王夫人的话："……没有对证，赵姨娘哪里肯认账。事情又大，闹出来，外面也不雅。等她自作自受，少不得要自己败露的。"其中，"等她自作自受，少不得要自己败露的"，译成英文为"We'd better give her rope to hang herself—she's bound to of these days."（连淑能，2010：182）。此句翻译突出了"实体优先"的思维模式特征，将隐藏在汉语语境中指代王夫人等众人的主语"we"化虚为实，在语句层面对主语进行必要补充，目的就在于解决此句中"对象性"缺失的问题，以保证语义清晰准确地传递。

此外，关系思维调适到实体思维要增强属性意识，抽象出明确的种属关系，具体表现为要有"定义"意识。与实体思维对"是"概念的严格性相比，中国传统关系思维的典型特征之一就是对属性的淡漠，对定义形式有明显的自然或自发的特点。例如，《墨经》中讲："名：达、类、私"。《经说上》解释道："名：物，达也；有实，必待文名也命之，马，类也；若实也者，必以是名也命之。臧，是私也；是名也，止于是实也。"其中，物是达名，指的是客观存在的一切对象；马是类名，它所反映的是客观存在的一类对象；臧氏私名，指的是客观存在着的一个对象，而不是对一类事物的反映。而《荀子·正名》中提到："故万物虽众，有时而欲无举之，故谓之物。物也者，大共名也。推而共之，共则有共，至于无共然后止。有时而欲无举之，故谓之鸟兽。鸟兽也者，大别名也。推而别之，别则有别，至于无别然后至。"例如，"大别名"的外延非常有限，但是内涵却极为丰富。事实上，《墨经》和《荀子》所讨论的达名与类名、共名与别名都已具有概念层面上对种属关系的认识。但他们并没有继续将种属关系与本质问题结合加以讨论，也没有强调种属问题对探讨事物本质的重要意义。究其原因，中国古人不喜欢纯粹抽象的概念，而是将主要精力用于对事物具体性质的区别以及对事物种类的划分。可见，中国传统思想文化中的概念系统总是关注具体事物，即概念在具体情境中的完整意义或内涵。这样的思维模式对定义的产生具有较强的抑制作用。所以，中国传统思想中鲜有对定义制定的形式作理论化的探讨，也少有给予如何下定义以操作性的规则。

例如，在《论语》中，多处对"义"进行阐述，但都未对其进行明确的界说。大多数学者将孔子讲的"义"解释为"宜"。所谓"宜"与"不宜",也就是符合不符合"仁"与"礼",它是人们道德行为的重要标准。从词源角度分析,"义"(義)的字形是"羊"字叠放在"我"字之上而形成的。在中国传统文化中,并不刻意区分"我"与"我们","我"融于"我们"之中。根据《说文解字》的解释,"我"是一个持戈的人手,而"羊"则是定期举行的礼仪中使用的牺牲品(许慎,2014:267)。故"义"字可根据字形理解为人们在礼仪中对用作牺牲羔羊所持的态度或立场。这种态度和立场,必须是一种净化的努力,让自己神圣起来,从而使得祭品净化和神圣起来。那么,"义"显然不应该被翻译为"moral"或"morality"。在这里,"reverence"的含义比较接近"义",尽管它经常被用来翻译"敬"。但"敬"有畏惧之意,在某种意义上"义"在其中是缺席的。因此,作为名词形式的"义",可采用"reverence";而"敬"则更多地作为动词使用,可将其译为"to fearfully respect"(罗思文、安乐哲,2020:54)。

再如,对儒家范畴"仁"的英文翻译通常简单译为"benevolence"(有"友善与忍耐"之意)或"humaneness"(有"慈悲、同情,进而尽量不去伤害"之意)(《柯林斯英语词典》,2000:146;823)。这两个词的使用都有欠妥之处。"仁"含义的核心是一个人内在修养与外在行为的结合体。人所获得的对周遭世界的认知视角、审美视角、道德的评判标准以及宗教信仰等,都是通过其所处的不同社会角色和关系喻意相互融合,最终塑造出一个人的品格。安乐哲将其称为"境域自我"——"充满意义的关系发源地——构成一个人,一个不可僭越的社会人"(安乐哲,2019:194)。因此,"仁"不仅是智能与精神,也包括仪态仪表。一个人行为举止的产生是精神与身体共同作用的结果。将"仁"翻译成"benevolence",是将"仁"狭隘地理解为一种心理的暗示与作用,抑或固化成"做人"的一种品格。虽然"benevolence"关涉到"仁"某些层面的含义,但是如果采用"benevolence"一词翻译"仁",相当于从众多道德性格层面孤立地截取其中一个断面,忽略做人、成人这一错综复杂的生成过程中深层次含义。

而"humaneness"一词指的是,"作为物种的人类,它所有成员共同拥有的之所以为人类的、一起分享的、质相同的前文化条件——一种天赋人性"(Ames & Henricks,1999:36)。人自从出生起,首先在家庭环境中逐渐构建起人之所以为人的关系网,这一关系网中的诸多关系处于生成的过程中,从单一的家庭角色,逐渐过渡到复杂的社会角色。而如何能够实现"仁",孔子提出要"明德格物,立己达人"(《论语·雍也》)、"能行五者于天下为仁矣",而这"五者"指的是"恭、宽、信、敏、惠。恭则不侮,宽则得众,信则人任焉,敏则有功,惠则足以使人"(《论语·阳货》)。可见,孔子并没有以形而上学的方式告诉众人什么是"仁",如何"成仁",而是在人生活的自然境域中,专注于"仁"对行为个体的抽象意义。在《论语·公冶长》中:"子贡曰:'夫子之文章,可得而闻也;夫子之言性与天道,不可得而闻也。'"另外,"仁"本身有很强的对具体境域的诉求,即很强的针对性。因此,不像传统西方哲学对概念的解释最终都诉诸"原则""规律""方法"等,"仁"始终保持着开放的状态,不以抽象的定义将其固定,也就是说,对"仁"的理解离不开具体的情境。而"humaneness"一词强调人类本性应具有的共同特征,是从具体的人格特征中抽象出来的,未能将"人"的境域性、开放性特征传递出来。

安乐哲将"仁"译为"consummate person"或"consummate conduct"。"consummate"一词的前缀"con-"含有"群体"(collective)与"集中"(intensive)之意,指"一起、相互连接"(together、jointly),可以较为准确地对应不可简化的关系性,这样就可以对应"仁"的特殊性意义。而"summa"的"圆满"形态,具有"开放性"的形态,指一种事项处理意义的成熟与硕果,是一种特殊的成就,具有不可复制性。罗思文和安乐哲进一步解释了"仁"的含义:"Consummate conduct—it is the relationality of persons rather than individuality that is primary in describing, analyzing, and evaluating their quality as people and the efficacy of the social institutions of family and of community in which they live their lives."(Rosemont & Ames, 2016:73)。在这里,"仁"被实化为"行仁",同时以下定义的方式揭示"仁"的属性特征在于人与人之间,而非个体本身的行为准则,是用来描述、分析和评价人们所在家庭和社会族群行为的重要尺度。同时,"仁"

本身渴望一种澄明，而如何能够澄明则需要人自身，人在"成仁"之道中，发挥着绝对权威的核心作用。这一点从"仁"字的构成就可以得以验证。在"成仁"的生成过程中，人通过其所在的族群中扮演的"角色"，不断将"仁"运用于内化（authoring），将"仁"转化为己有，显现为合宜的"礼"。

从思维模式调适的角度来看，上述翻译是从对"仁"的具体性、多样性、生动性内涵的关注转换为对抽象的、唯一的、确定的本质属性的关注；通过对"仁"概念的内涵和外延给予准确的限定，以"属加种差"的方式将认识对象与使其得以存在的关系网络相分离，从而提炼出认识对象"仁"的本质属性。可见，关系思维调适到实体思维需要转换关注的焦点。从注重对概念具体划分，即一类事物中包含的各种具体性质和状态，转换为注重沿种属方向对本质特征的把握。具体表现为：对概念的内涵和外延给予准确的限定，揭示"属加种差"的逻辑结构。这种逻辑结构将一事物划分到某一类别的同时，又将其与同类事物加以区分。这一过程将认识对象和使其得以存在的关系网络剥离开来，在不变的条件下，对认识对象的各方面的属性加以分析，从而提炼出对认识对象的本质属性，也就实现了从关系思维自觉地向实体思维的调适。

4.2.3 实体思维向关系思维的调适

从实体思维向关系思维的调适就是去追问该事物在什么条件下成立，对其产生影响的因素有哪些。这一过程就是从实体思维出发，通过逻辑反演，找到与认识对象相关的关系结构、构成这一结构的诸多节点，以及这些节点之间相互依存的关系。

逻辑推演与逻辑反演相对。前者是以掌握事物发展规律和事物之间相互关系为前提，根据与该事物有关的法则，由已知条件和数据推导出相关的结果，或推测相关数据的变化趋势。反演是由结果推测原因，根据已知事物的性质、状态和数据反推该事物存在的先决条件，尤其用来揭示没有或者无法直接呈现的、隐蔽的相关因素。例如，在地球内部的各种参数和物理过程难以直接观测到，只有通过地面的观测（如用地震仪、重力仪等），或通过在空间中的观测（如航空重力、航磁观测等），甚至可以通过人造卫星轨道的观测,来反推地球内部介质地震波密度、电导率等参数分布,从地面得到地球内部介质的二维或三维结构图像(徐果明,2003：1)。简言之,反演是由结果出发去确定构成事物的诸多因素及相关因素的关系。也就是利用反演,即"逆运算"的方式导出对象事物各种各样的内在关联。因为,在"外部"知觉中的对象是被给予的,它由与其相关的杂多事物综合在一起,反演的目的就是把是其所是的被给予性、一般的被给予性、知觉及现象的各种形式的被给予性揭示出来,使它们由隐性变为显性,并显示出目的论意义上的相互依存关系。

反演的最终结果是要达到马丁·海德格尔讲的"敞开的境域",或称"澄明"。"澄明"就是让在场者和不在场者都得以显现。因为现实所充斥的事物都是"有限"的,而边界的限定来自"有限"背后的"非有",也就是"无"。没有"无",则没有"有"。换言之,"无"决定了"有"的最终显现。所以,现实的"有限"是"有"与"无"的结合体,是马丁·海德格尔所说的"在场的东西"与"不在场的东西"的统一体。任何一个当前在场的有限之物,其背后都藏着不在场的东西,二者合为一个统一的整体(张世英,2016a：140–142)。以反演为路径的实体思维向关系思维转换就是要打破对象性的隔膜,不再一味向外追问种种悬设,而是向内以切己的方式去把握整体,从整体的视域观物,这本身是以一种超越的态度和境界来看待万物。以"无"观物既是肯定现实事物的有限性,又是对有限性的超越。这种超越不是舍弃现实世界,达到传统形而上学所追求的永恒不变的世界,而是要进入当场者背后的、与当场者之间存在着千丝万缕的关系网络,这一过程本身是当场者生活世界的一种扩展。

例如,在马丁·海德格尔著作中,"Dasein"占有极其重要的地位,这个词对应于英语单词"being"。对这个词的翻译体现了对关系思维的不同理解,展现了一种调适的过程。张祥龙将"Dasein"译为"缘在"("Da"译为"缘")。"缘"字的使用涵盖了"Dasein"的种种含义,包括"相互缠绕""纯发生或生成""有限""域或存在的空间"及"原初的时间"这五个意思。在汉语中,"缘"最初指"衣纯"(指"边缘")(许慎,2014：276),后来亦用来表示"攀援""凭借""因由""有限"之意。由于佛经翻译使用了"缘"字,"缘"在中国文化的发展中获得丰富的纯思想意义，使它本来就具有的那些"前后（时间）牵挂，左右（空间）攀援"的字意被极大地深刻化和"存在论"化（张祥龙，2011a：89–93）。陈嘉映将"Dasein"译为"此在"，原因是"Dasein"由"Da"和"Sein"组成，其中，"Da"意为"某个确定的事件、地点或状态"。在德国古典哲学中，"Dasein"主要指某种确定的存在物，即存在于某一种特定时空中的东西，多译为"限有""定在"（海德格尔，2006：17）。在马丁·海德格尔的哲学中，"Dasein"特指人这种不断超越自身的存在者（海德格尔，2006：35）。张柯认为"Dasein"译为"如此存在"较为合适。对于"Dasein""Da Sein ist da"这类表达而言，若仍执着以"此在"翻译，最后会形成"此之在"或者"存在在此存在"或"存在存在于此"这样有问题的译法（张柯，2013：25–53），可将"Dasein"译为"亲在""达在"或存而不译（张柯，2010：35–50）。这些译名的差异性源于"Dasein"这个词不仅是传统哲学的传统词语，而且被马丁·海德格尔赋予新的含义。不同的学者尝试从不同角度予以阐释，给与"Dasein"不同的译名，力求从不同角度体现关系思维模式。再如，对现象学中"transcendence"一词通常译为"超越"。要实现对"超越"概念的准确理解，其解释不能局限在"超越"字面含义，如埃德蒙德·胡塞尔所言，现象学中的"超越"需要在哲学的沉思境况中吸取。在埃德蒙德·胡塞尔那里，"超越"意味着"实项的超越"，它是指对意识的实项因素（感性资料）的超越（倪梁康，2016：501）。

简言之，实体思维向关系思维的调适就是去拥有"澄明之境"，也就是中国哲学中讲的"以道观物"，即以"有"与"无"相融合的视角观察和认识事物，而不是局限于眼前有限的在场的东西。更为具体地说，实体思维向关系思维调适的过程中，要消解英语结构的确定性、既定性、统一性、单一性的特征，同时透析意义的意向性，在敞开的境域中，传递原文的真实含义，保持原文与译文之间的和谐统一。

4.3 直觉思维与逻辑思维之间的调适

本节不仅涉及直觉与逻辑之间的关系，而且也涉及取象和抽象的关系，以及意会和建构的关系。因为汉语中直觉思维或者说直观体验总是以

"取象比类"为认知方式,很多时候"只可意会不可言传";而英语中的逻辑思维总是以抽象为认知方式,针对事物特征和规律进行分析和建构。因此,直觉思维与逻辑思维之间的调适可以和取象与抽象、意会与建构之间的调适合并在一起讨论。直觉看起来与逻辑无关,两者在思维形态上是对立的,但实际上两者之间存在着相互渗透、相互补充、相互促进的关系。在讨论两者如何转换之前,有必要对其认知特征进行对比分析。

4.3.1 直觉与逻辑认知特征对比

直觉思维从整体上考查认知对象各部分的有机联系,以及对象事物与周围环境的有机联系。这些有机联系构成了事物内部和外部的动态关系网络,决定了直觉的宏观视野,使得直觉能够直接洞察各类事物的本质特征。事物内部和外部的动态关系网络本身难以拆解并进行精细量化分析,其整体性质是逻辑分析难以充分把握的,直觉此时才会发挥独特作用。概言之,直觉是对各类事物性质的整体性认知,它以事物内部和外部的各种动态关系网络为认知对象,这就是直觉在认知对象上的特殊性。

逻辑思维有明显的对象性特征,在不变的前提条件下,拆解和处理自然事物。它注重将认知对象从繁杂的关系网络中抽离出来,尽可能将认知对象的特征进行分解并加以分析,形成对认知对象概念性的认识。所以说,逻辑分析的思维活动是一种"拆零"的活动,聚焦的是局部而不是整体(伊利亚·普里戈金、斯唐热,1987:5)。这种思维模式的对象是概念及其关系,它脱离构成认知对象的关系网络,只服从此概念构成的前提条件,具有明显的独立性特征。因此,凡是概念都可以加以分析,只要是抽象概念都可以还原到具体,就是把概念还原到其所由来的具体事物。概念是所想,还原就是回到概念的所指。概念分析越来越抽象,伊曼努尔·康德称其为"纯粹概念"或"范畴"。凡是由关系抽象成的概念与由意义抽象成的概念都具有规范性的特征,只是规范的程度不同而已(张东荪,2011:28–89)。

此外,直觉的认知对象与逻辑分析的认知对象在形态特征上有明显差别。逻辑分析的认知对象有明确的闭合边界,与其背景事物有着显著差异;而直觉的出发点置身在具备有机特性的关系网络的某一节点上,人们考察的是由此节点为中心延展开来的一个关系网络区域,与背景事物之间并无明显的分界,犹如在林中被光线照亮的一片空地,人们从这里可以向四周不断延伸,犹如"林中路"展现的意境。"任何一个在场的或出场的东西,都与不在场或者说未出场的无穷无尽事物结成一个整体。"(张世英,1999:132)直觉在这种情况下的整体性和全面性不同于逻辑思维的整体性和全面性。直觉思维是置身于对象事物之中"由内向外"看的,此时的"整体"是将眼前"在场"事物与周围的"不在场"事物相交融的整体,是随着认知范围的扩大不断整合对周围新事物的理解的整体;此时的"全面"是由认识出发,面向周围事物的全面了解,没有对某些特定方面的狭隘倾向(王前、刘欣,2019:123)。而逻辑思维是面对着对象事物"由外向内"看,而且往往只关注与认识对象存在直接逻辑关系的事物,随着逻辑分析的深入,对研究对象分析的不断细化,认识所涉及的范围不断缩小,容易流于片面,其各个部分之间的有机联系常常不会被纳入思考范围之内。"逻辑思维对存在有机联系的事物实行了'不可分离的分离',一方面抓住其本质,视之为特征,概括为普遍属性,形成概念,作为精确逻辑思维的出发点;另一方面彻底扬弃其他环节,使这些环节不再出现在以后的形式推理内容中。"(徐利治、王前,1990:59)

4.3.2 直觉思维向逻辑思维的调适

从直觉思维向逻辑思维的调适,需要对直觉思维的思想成果的前提条件和适用范围进行逻辑追问。因为直觉思维能够带来创造性的设想,但也可能带来偏见和谬误。其中的原因可能是视域不当,相关的要素和关系处于遮蔽状态,因此未能全面考察事物的特征和属性,导致直觉思维成果往往缺少逻辑性,甚至潜藏逻辑冲突。直觉思维在很多时候不够精细,容易忽略认识成果的前提条件和适用范围。要充分发挥直觉思维的积极作用,避免其消极影响,就必须对直觉思维的思想成果进行逻辑追问。例如,老子主张"以柔克刚,以弱胜强",这显然不是无条件成立的普遍规律。对此类格言的应用离不开视域的扩展,也就是要沿着这些直觉成果所处的关系网络进行逻辑追问,打破视域的局限,获得此类格言应用的前提、基础、适用的场景,在所有相关要素构成的整体关系网络中辨识其使用条件和范围。换言之,需要考虑"柔弱"和"刚强"双方的主客观条件、各自的优势和弱点,以及过程的可持续性等一系列相关要素,这种情形才可能发生。直觉关注的是"象"的关系同构和意义诠释,而不是精细的量化分析。因此,要准确界定直觉思维成果的前提条件和适用范围,必须对其进行逻辑上的追问,考察直觉思维成果在何种情况下应用会出现逻辑矛盾、在何种条件下不再成立。这种追问的线索也是作为直觉对象的事物内部和外部的动态关系网络,只不过是采取了逻辑反演的方式。

对汉译英而言,逻辑追问的关键是要去揭示汉语表达中隐藏的语境建构的不自觉性,这就要求译者具备较为丰富的汉英文化知识,能够在用英语表达之前,就清楚地了解其要表达内容的语境假设在英语母语者的视域中是否存在。如果存在,可以在英语表达中将语境假设由隐性变为显性,让对方认知努力的结果和语境隐藏的意义相吻合;如果不存在,需要通过视域的扩展或语境来弥补相关信息的缺失,保证英语表达中隐藏的寓意能够较为准确地被理解。

以"权利"(right)一词的英译为例,"权利"的概念源于西方。此概念首次在汉语文献中出现是在清朝同治年间,由美国传教士马丁主持翻译的《万国公法》(1864)中。从词源学上讲,"权利"可溯源到拉丁语中"jus"(ius)一词,衍生于拉丁文"drectum",而"drectum"则是古典拉丁文"rectum"及"jus"的通俗用语。"drectum"本意指"真实""正当",它其实是英语"right"及德语"recht"等词的词源。因而,在印欧语系中,"权利"的基本内涵是与"正当""正义"等价值观和伦理学范畴紧密相连的(林巍,2009:120–121)。在中国传统文化中,"权利"二字同用并不多见,单独使用的情况比比皆是。根据《说文解字》的解释:"权,黄华木"(许慎,2014:112)。《广韵》释:"权,称钟也";"权,平也"。故"权"最早为称重、称量之意。孟子曰:"权,然后知轻重"。成语有"权衡利弊""权宜之计"等,相当于英语中的"judge""access""evaluate"等,后演变出"权力""权势"之意。但《吕氏春秋·审分》中有:"万邪并起,权威分移",此处的"权"相当于英语中的"power",而非"right"。关于"利",《说文解字》解释:"利,铦也"(许慎,2014:85),最早为"锋利"之意。如孟子曰:"兵革非不坚利也。"此处,"利"相当于英文中的"sharp""keen"等之意,而后演变出"盈利""利润"之意。如晁错《论贵粟疏》中的"以利相倾"。亦有"贪图之意",《论语义疏》中提到:"利,犹贪也",相当于英语中的"greedy"。概言之,在汉语中,"权"有"权衡""衡量""变通""谋略""威势"等意;"利"则有"犀利""吉顺""富饶"等意。两字连用,本身有"拥有某种有益之物"的含义。在中国古代文化中,通常表示"威势和获利"。《荀子·劝学篇》中"权利不能倾也"的意思是,权势利禄不能使其动摇。此句中的"权利"如翻译成"right",显然不符合语境,也不能传递出言者要表达的意象,而译成"authority and profit"更为妥当。可见,在表达"权利"一词时,要充分考虑汉英文化中"权利"意象的认知差别。在汉语与英语概念上建立起某种同质或相似的寓意关系,使汉语的原意与英语表达中的喻指比较吻合,实现传递同一个语义。

再如,在中国传统文化中,"礼"的含义极为丰富。"礼"的最初含义是供神的仪式,对应的英语表达通常是"ritual"。随着历史的发展,"礼"的含义逐渐演变为社会成员自觉自愿受其制约的行为规范,而非社会强加给人外在的规章准则。例如,在《资治通鉴》有:"何谓礼?纪纲是也",其中"礼"可译为"achieving propriety in one's roles and relations"(Rosemont & Ames,2016:73)。汉学家卫三畏(Samuel Wells Williams)认为,因为"礼"不但包含外在行为,也包括获得利益的正确原则。例如,在《史记》中有:"卒廷见相如,毕礼而归之。"其中,"礼"应译为"rites or ritual/punctilious, formal behavior"(龚光明,2004:147)。安乐哲认为,接近"礼"的英语表达包括"customs""mores""propriety""etiquette""rites""rituals""rules of proper behavior"及"worship",它们都曾经被用作"礼"的英语表达。这些英语单词也许在某些语境中可被译为"礼",但问题是汉字本身必须包含在每一个场合中使用的所有含义,如果只选其一,那么很容易导致"有些东西在翻译中丢失"(something is lost in translation)。因此,"礼"最好的翻译是"li"(罗思文、安乐哲,2020:52)。

可见,在汉语与英语概念上建立起某种同质或相似的寓意关系,才能使汉语的原意与英语表达中的喻指比较吻合,实现传递同一个语义。汉语中一字/一词多义的现象广泛存在。在翻译过程中,要避免将中国语言文化解读为无结构的、不确定的隐秘主义,用单纯分析方法把分析对象孤立化、去语境化。逻辑追问要求译者能够充分考虑该字或词的使用条件和语境假设,在具体语境下确定其准确内涵,进而才能较为准确地转换为对应的英语表述,在两种语言转换间实现概念的通达。

4.3.3 逻辑思维向直觉思维的调适

西方学者较少注意"直觉"与"事物内部和外部的动态关系网络"这两者之间的联系。因为在逻辑分析的视野中,具备有机特性的事物内部和外部动态关系网络很多时候以隐蔽形态存在,处于逻辑认知焦点的"边缘域",只有在特殊情境中才会显露出来(王前、刘欣,2019:123)。西方的逻辑分析传统注重把握以"实体"形态存在的事物,将"实体"之间的"关系"视为从属性的。因此,逻辑思维向直觉思维的调适需要通过现象学还原。

根据埃德蒙德·胡塞尔的观点,还原意味着自然主义的终止,即将一切关于某种东西"已经在那了"的存在预设"悬置起来"(存而不论)。"已经在那了"指自然科学家视自然世界为他们拥有的存在于那里的实有者,以及构成实有者的组成要素、法则、内容等。也就是说,任何超出事物本身的断言和假设都应该被过滤掉,直接面对事物本身,让所有关于该事物的不在场因素全部显现出来。现象学的"看"就是要训练一个只看他的当场构成的事物。所以,"看"是在"不及"与"过分"中间的更原初者,也就是现象学倡导的"到事情本身中去"的含义(张祥龙,2006:190-191)。而还原的结果会带来研究对象的丰富化和现象的本质化。换言之,还原使附加在事物本身的现成设定失效,在直观体验中让现象的本真完全显露出来,因此,还原是"一种破执显真的直观显示方法"。埃德蒙德·胡塞尔指出,"在我们的直观中,种种知觉、回忆、推理、判断等意识活动是自明的,能直接地在人类自省中显现出来,这些知觉、意识活动并非以剥除内容、空壳式的纯活动形式出现,而是以蕴带内容的意识活动形式出现。故而,这些意识活动的内容也能自明地直接呈现出来"(蔡美丽,2012:42-44)。

实际上,进入 20 世纪以来,现代哲学和科学发展开始对"关系"范畴予以特别关注，一方面是因为"实体—属性"的认知模式在说明微观世界物质特性方面出现问题，另一方面是因为这种认知模式在说明社会现象和人的意识活动方面出现问题。前者导致了现代哲学中出现"关系实在论"的观点，后者导致了在说明生活世界方面现象学思潮的出现（罗嘉昌，1996：78–85）。根据现象学理论，意向性、形象感和直觉意识决定了对事物之间各种关系的认识，而且早于对各种实体的认识。在每一具体的经验性认识活动进行之前，认知主体先要有对事物各种关系的认知网络作为基础和背景，这样才能使意向性活动得以展开，而这种认知网络是在人类长期经验性认识活动基础上不断积累而形成的。在埃德蒙德·胡塞尔看来，本质就存在于具体的东西及其关系之间，本质直观是以具体的东西及其关系为基础的（郑争文，2014：3）。按照唐力权的说法，"存在"即是发挥功能，亦即在一个实在的动态脉络中扮演一种角色或成为一个有贡献的因素（唐力权，1998：5）。要把握关系网络中存在的实体，必须以对关系网络的了解为认知背景和基础，而意向性、形象感和直觉恰好适应了这种认知活动的需要。

因此，从逻辑思维调适为直觉思维就是要通过现象学还原，即通过直觉把握事物内部和外部动态关系网络，而这种关系网络并不是某种可以从其外部考察的完全对象化的内容。人们如果置身于这种关系网络的某个节点上，可以感受自身与周围事物的有机联系，就会逐渐意识到自身与周围事物是相互构成的，自身的存在取决于各种外界条件的机缘巧合，这就是现象学所谓"缘发构成"。如张祥龙所说，"在这样一个相互构成的新存在观中，'人'和'世界'的含义同时发生了深刻的变化：从传统的'主体'与'所有对象的集合'的外在关系——不管它是经验的还是先验逻辑的——转变为相互缘起的，在根本处分不清你我界限的构成域式的'关系'"（张祥龙，2022：96）。现象学和解释学的方法就是将被逻辑分析简单分割的现象、事物、经验以至理论逐渐复原的方法。现象学还原强调对"前述谓""前判断""前对象化"等概念的理解，看似晦涩难懂，实际上都是为了满足在具备有机特性的动态关系网络中认识事物的需要。

在英译汉过程中，尤其是理解英语隐喻时，除了要与语境保持紧密的联系，关键是要把握和理解本体和喻体之间建构起的概念联系，即准确解读定义。这就需要将最终使本体与喻体得以建构的格式塔进行分析，揭示建构本体和喻体之间概念关联的诸多关系节点，然后在汉语中选择与其相对应的概念维度。在具体的翻译过程中，分成如下两种情况：第一种情况是比喻的本体概念在汉语中有相同或基本相似的喻体选择，就可以通过采取直译方式翻译。例如，2018年初，时任英国首相特蕾莎·梅（Theresa May）首次访华与习近平主席会谈时提到："The Golden Era of UK-China relations was established."。其中，gold(en)一词与汉语黄金一词在概念上基本一致。在中国传统文化中，"金"被视为贵重之物，有"尊贵""贵重""难得""持久""坚固""有光泽"之意。汉语成语中有"一诺千金""固若金汤""金戈铁马"等；现代汉语有"金领""金饭碗""金字招牌"等表达。而英语中"gold"一词除了表示一种金属，还表示"好的""值得期待"之意。例如，英语中有"a heart of gold"，指某人友善和体贴；"golden age"和文中的"golden era"基本同义，表示能够取得较大成就的特定时期（Sinclair，1995：725）。由于，"gold"和"金"共享"重要""值得期待"的概念维度，换言之，虽然文字不同，却可以产生相同或相似的意象，因此，"golden era"可以理解成"黄金时代"。

第二种情况是汉英语言喻体选择差异较大，在英译汉过程中，就要选择符合汉语思维和中国文化的喻体。在莎士比亚名著《奥赛罗》中，奥赛罗对妻子的忠诚起疑之后，说了一句"It is the green-eyed monster ."。此句中的"the green-eyed monster"用来形容某人极为嫉妒的情绪。而在汉语中，"羡慕""嫉妒"之意通常用"眼红"表达。汉英母语者在表达此相似意思时，都用到"眼睛"，一种典型的身体认知的表现。事实上，中西方人在认识和理解外部事物时都会启动身体已有的逻辑和认知方式去阐释认知对象。在这一过程中，认知主体要充分调动想象或联想，让不在场者得以显现，力图把认知对象背后隐蔽的方面综合到自身的视域之内，建立起在场与不在场的联系。根据莫里斯·梅洛–庞蒂的观点，原发意义发生场是第一性的，身体对意义具有原发性，身体在构成问题上具有在先性、场域性。它是躯体与心灵的结合体，而且比两者更原本，是以一个意义发生的结构场形式存在（张祥龙，2011a：289）。因此，不管是"the green-eyed monster"，还是"眼红"，都是始于身体的感受，往往因为目睹他人种种特征而产生嫉妒的情绪，进而与不同颜色概念结合，产生不同的表达。

对译者而言，要将英语隐喻理解得准确，需要揭示英语概念隐喻背后的体认特征，并以此为路径进一步挖掘其中的文化隐喻特征，以及它与汉语在文化认知层面的不同之处。在上述例句中，英语以绿色概念作为喻体，而汉语以红色概念作为喻体，反映了汉语母语者和英语母语者对颜色概念认知的不同。换言之，颜色概念认知的差异是此句理解的关键所在。具体说来，在汉语中，通常用红色说明表达激动的情绪，例如，愤怒、嫉妒。因为，在愤怒和嫉妒时，眼睛往往会充血，呈现血红色，汉语中有"口沸目赤"（赤即为红色），俗语中形容某人嫉妒心极强，常用"眼红""红眼病"，这些表达都是汉语直观体验思维的显现。而在西方文化中，红色通常让人联想到亲缘或者情欲（黄海军、马可云，2009：66–71），这是英语隐喻思维的特定表现方式。此外，在中西文化中，绿色常与春天、大自然、年轻联系到一起。在汉语中，绿色还有"淫秽"之意；而在英语中，绿色可以表达"嫉妒"之意，现代英语用"green with envy"形容某人极为嫉妒的情绪。值得注意的是，西方对"嫉妒"概念的认知始于体认，但是在主客二分的思维模式下，将主体情绪客观化，在本体以外找到一个与其有相似概念维度的喻体，以"monster"（怪兽）赋予本体消极的含义，即怪兽能够钻到人的身体里，把人吃掉，让人总把事情想得很糟，或做出疯狂的举动。概言之，在汉英语言选择差异较大的喻体表达相同概念时，英汉翻译不仅要比较本体概念在汉英语言表达中的差异，而且要依靠具体的语境，并回归到该隐喻产生的历史背景和文化渊源，在历史与现实之间的动态张力中让真实的语义得以显现，从而避免误读和误译现象的发生。

4.4 变通性思维与规定性思维之间的调适

中国传统文化注重灵活变通，当然其中也存在一定程度的规定性。与此相对应，西方文化注重严格的规定性，当然其中也存在一定程度的灵活性。通过对这两种思维模式调适的讨论，可以揭示如何从逻辑思维的认知基础出发，实现变通性思维向规定性思维的调适，以及如何从直觉思维的认知基础出发，实现规定性思维向变通性思维调适。

4.4.1 变通性思维向规定性思维的调适

变通性思维向规定性思维的调适就是寻找变通成立的合理边界，变通在何种范围内是可行的，何种范围内是不可行的。换言之，就是要追求它成立的条件和边界，寻找"变"中不变的东西，"不变"的东西其实就是规定。在语言表达层面，变通性思维向规定性思维的转换就是由语境突出转换为形式突出。汉语语境突出实为偏重感受，对语境、情境和阴阳对生结构保持高度的敏感，在转化、生成过程中直接构成意义和存在形态，在文字间的张力中体会深邃的意蕴，所以，汉语更容易激发出对变化的各种巧妙的了解。例如，中国人对"道"的存在的感受，"一阴一阳之为道"，"道者自道也"。到底"道"为何物，很难说得清楚，只有在动态语境中才能感受"道"的存在，对"道"的理解才能清晰化。以"道"的英译为例，在英语中比较难找到与其含义准确对应的英语单词。马丁·海德格尔曾将"道"理解为"道路"，有一定道理。英语中的"way"的确有道路以及方式、方法之意，与汉语的"道"有相近之处。不过，汉语的"道"还有"言说"之意，"道"既关乎言，也关乎行，涉及人的思维和行为，内涵远比"way"丰富。因此，西方学界通常将"way"音译为"Tao"（王前，2005：49）。

再如，归有光《项脊轩志》中有一段写道："先是庭中通南北为一；迨诸父异爨，内外多置小门，墙往往而是。东犬西吠，客逾庖而宴，鸡栖于厅。庭中始为篱，已为墙，凡再变矣。"刘士聪将这段文字译为："Previously the compound was as all the way through from south to north. But when the family broke up and my uncle began to live separately, they put up low walls, here and there, with gates in them. Dogs in the east barked toward the west. Guests on their way to the dining-room went through the kitchen. Sometimes chickens roosted in the hall. The compound was first partitioned by fences and then by walls, which were altered from time to time."（张光明，2001：37）。从译文中可以看出，刘士聪对明朝中期的历史和明朝士子生存境遇有深入的了解，且具备深厚的散文写作功底。同时，他能够充分领悟到汉语语境突出实为偏重感受，对汉语语境、情境和阴阳对生结构保持高度敏感，在将汉语转换成英语的过程中直接构成意义和存在形态；将汉

语表达的"内在相关"认知结构转换为英语表达依托形式和结构的"外在相关"认知结构;利用清晰的、易于解析的英语句式结构揭示蕴含于原作的沧桑感和流动韵致。

虽然英语也讲变化,但是其变化始终按照很多不变的规则发生变化。而规则源于传统西方哲学所推崇的不变的、可被形式化的最高实体。例如,黑格尔辩证法强调事物的发展变化,但是其发展方向还是朝着那个永恒不变的绝对概念。中国哲学强调"势多不定"才是与终极实在相互交织,如"易""仁""道""悟",都是这个特点。因此,变通性思维向规定性思维调适的实质是"内在相关"向"外在相关"的转换。要做到这一点,需要明确以下几个方面。

首先,要明确规定性思维是逻辑思维严格性和精确性的体现。形式逻辑的基本规律除了同一律外,还有矛盾律、排中律和充足理由律。这些规律的作用都在于保证逻辑思维清晰准确,不出现混淆,不发生歧义(北京大学外国哲学史教研室,1982:136)。要转换汉语表达和思维活动"动态化""情境化""非对象化"习惯,使其思想得以用英语清晰地表达出来,掌握英语语法规则以及丰富的形式指标是最基本的。因为,在传统西方哲学看来,形式高于质料,因而语言规则高于具体的言说内容。与汉语语法相比,英语语法在某种程度上可以脱离语境而独立存在(张祥龙,2012a:17)。例如,在"A sage (heavenly man), a term used by Master Zhuang refers to those who know and behave according to the way of nature."(天人,庄子所用之语,指明其道者也。)(林巍,2009:47)一句中,如果把"A sage (heavenly man), a term used by Master Zhuang refers to those"简称为A,"who know and behave according to the way of nature"简称为B。A的表达是比较模糊的,只能泛泛地说明言说对象的职业。因此,要更翔实地说明对象,对B的了解是必要的。也就是说,因为A本身的模糊性,使得B的存在有了必要性。A的模糊性实际上在语言内部产生某种压力,迫使言说者引进新的言说内容去消除相关部分的模糊性,实现语义精确性。因此,英语语义并非没有模糊性,而是以模糊性引发出更多的说明,从而保持与言说主题的一致性。

其次，英语思维的规则性更多地表现为一种客观的行为规范。在语言学范畴中，行为规范就是语言行为规范。规则是属于他律的。规则本身不要求言说主体要自律，因为它是外在的规范，只要言说行为不违背规则就可以。而译者应该从内心自觉地去遵守规则，把规则当成自我言说行为的一种约束，一种自律。规则看起来是他律的，但它建立在自由意志之上，它是以义务的形式表现出来的权利。

进一步说，与众多拼音文字一样，英语有着系统且严格的语法规则。语法学习是中国英语学习者掌握英语的难点之一。要克服这个问题，变通性思维向规定性思维调适是关键。在语言层面，这种调适就是把汉语语法转换成英语语法。要做到这一点，英语学习者不仅要理解和掌握英语语法规则，而且要对语法中"法"的概念进行根本性的转换。在西方，"法"的概念源于拉丁文"Jus"，常常等同于"正义""公正"或"正当"。在英语和德语中，等同于"权利"，在前文已有较为详尽的讨论，此处不再赘述。简言之，"法"有"公正"（或"正义"）和"权利"之意，且都可归于"right"一词。在西方人看来，合法的都是权利，即合法的权利。而"公平"与"正义"属于道德范畴，两者的标准取决于公民根据他们的自由意志缔结的契约。既然是建立在每个公民自由意志基础之上，要达到正义，就必须遵守每一个公民相互的约定，并通过自由意志达成的共识，把它制定下来，这就是公正，就是"法"。概言之，"公正"与"权利"有着内在的联系。而在中国传统文化中，"正义"和"权利"是分开的。中国古代历来强调义利之辨，孔子讲"君子言义不言利"，"义"和"利"是对立的。用中国思想传统中的"义"和"利"去理解西方正义和权利，是不能完全相符的。用中国传统思想文化去解读"法"，"法"就被分割为"正义"和"权利"两个独立的概念。"法"常被等同于政治。"法"和道德的关系，就变成了政治和道德的关系。而政治包含"刑政"，可以把"刑"的概念放在"政"的概念里面去。所以，中国传统文化讲的道德和"法"的关系，通常就是指道德和刑政的关系。而在道德和刑政关系之中，儒家强调道德关系，而贬低刑政的作用（邓晓芒，2013：521–522）。孔子曰："道之以政，齐之以刑，民免而无耻"，就是"刑"和"政"作为法则，让人们遵守，用政治来引导人们，用刑法使人们守规矩，虽然不敢去做不好的事情，但未必有羞耻感。如果"道之以德，齐之以礼，有耻且格"，就是用"德"和"礼"来规范人民，那么人民就会有羞耻心，并且他们的行为就会受到规范。而且这个规范是自觉遵守的，人民是出于羞耻心不去犯法。在孔子看来，"德"在"法"之上，当政者应采取德政。这一点就与西方"法"的概念大相径庭。而语法与传统西方文化有着深厚的渊源。在汉英互译中遵循语法和在社会生活中重视规则与法制，在思想上是相通的。

总之，变通性思维调适为规定性思维，就是由对汉语文字之间内在张力带来的动态意蕴的"情不自禁"，转换为对语法规则所代表的传统西方文化中契约论的"循途守辙"。让一种普遍的法则贯穿汉译英始终，这不仅是变通性思维调适为规定性思维，而且是直觉思维调适为逻辑思维的集中体现。这在一定程度上与尤尔根·哈贝马斯（Jürgen Habermas）提出的认知主义的伦理学相一致，即认识事物要以理性为指导原则，包括个人情感、情绪、喜恶在内的非理性因素的存在也要有其合理性，只有这样才能达到对事物的普遍认识。

4.4.2 规定性思维向变通性思维的调适

规定性思维向变通性思维调适就是在不变中求变，即遵循辩证思维。辩证法的理论体系强调事物之间的"普遍联系"和"变化发展"。这两个原则的方法论机制在于克服孤立、静止、片面地看待问题的思维模式的局限性，有助于跨越认识规定的学科和知识分类的边界，发现事物内部和事物之间的有机联系，在动态过程中考察事物的特性和变化趋势（王前，2017：250）。根据这一方法论原理，规定性思维向变通性思维调适的关键是在不变中找到可变的因素，即在规定范围之内，有哪些因素是可变的，有哪些替代物或不同的路径，为了达到相同的目标可以有哪些不同的方式。

英语母语者明显的"对象思维"特征决定了他们追求的是语言和意义垂直方向上的一一对应关系，在语言学习过程中往往偏重"怎样说"出他们想要表达的内容，即习惯性地注重词形和语法，强调句子结构或成分的完整性以及秩序性，逐渐形成语法型思维，一种"语法的抽象实体"类型的思维，也就是依照语法规则展开联想。语词系统与思维系统也就自然而然地保持高度的一致性，要表达一个清晰合理的思想就不能离开与其对应的词形和语法。拼音文字本身具有"线性联想"性质，容易形成长句子，这与其遵循逻辑同一律的联想方式有极大关系，句子各成分之间关系复杂，但是目标始终如一。因此，在面对极为灵活的汉语语法现象时，套用"对象思维"就很难归纳出一套像英语一样的语法规则。因为，汉语通常依靠语气判断句子的长短，汉语句子要比英语句子短，表达迂回，经常需要改变意思的方向，加之语法规则灵活多变，语言表达呈现"发散型"特征（尚杰，2010：326–627）。在文字层面，作为表意文字，汉语表达在言与意之间往往会产生"言不尽意"的效果，用雅克·德里达（Jacques Derrida）的观点来解释，就是文字与语言之间的"断裂"关系会得出丰硕的思想成果。具体到语言结构层面，体现在从层层叠叠、连绵不断的长句转变为短小精悍的短句和简单句。例如，在柏拉图《斐多》（*Phaedo*）著作中，苏格拉底相信，"灵魂"的善，远重于生命中转瞬即逝的快乐。因此，他宁愿为他的思想而死，也不愿做一个伪君子而活，传递出一种值得为之而活，也值得为之而死的思想。书中有一段这样的描述：

> With these words he raised the cup to his lips and very cheerfully and quietly drained it. Up to that time most of us had been able to restrain our tears fairly well, but when we watched him drinking and saw that he had drunk the poison, we could do so no longer, but in spite of myself my tears rolled down in floods, so that I wrapped my face in my cloak and wept for myself; for it was not for him that I wept, but for my own misfortune in being deprived of such a friend. Crito had got up and gone away even before I did, because he could not restrain his tears. But Apollodorus, who had been weeping all the time before, then wailed aloud in his grief and made us all break down, except Socrates himself. But he said, "What conduct is this, you strange men! I sent the women away chiefly for this very reason, that they might not behave in this absurd way; for I have heard that it is best to die in silence. Keep quiet and be brave. "Then we were ashamed and controlled our tears. He walked about and, when he said

his legs were heavy, lay down on his back, for such was the advice of the attendant. The man who had administered the poison laid his hands on him and after a while examined his feet and legs, then pinched his foot hard and asked if he felt it. He said "No"; then after that, his thighs; and passing upwards in this way he showed us that he was growing cold and rigid. And again he touched him and said that when it reached his heart, he would be gone. The chill had now reached the region about the groin, and uncovering his face, which had been covered, he said—and these were his last words—"Crito, we owe a cock to Aesculapius. Pay it and do not neglect it." "That," said Crito, "shall be done; but see if you have anything else to say." To this question he made no reply, but after a little while he moved; the attendant uncovered him; his eyes were fixed. And Crito when he saw it, closed his mouth and eyes.

Such was the end, Echecrates, of our friend, who was, as we may say, of all those of his time whom we have known, the best and wisest and most righteous man.（柏拉图，2006：92）

杨绛先生译文：

他说完把杯子举到嘴边，高高兴兴、平平静静地干了杯。我们大多数人原先还能忍住眼泪，这时看他一口口地喝，把毒药喝尽，我们再也忍耐不住了。我不由自主，眼泪像泉水般涌出来。我只好把大氅裹着脸，偷偷地哭。我不是为他哭。我是因为失去了这样一位朋友，哭我的苦运。克里起身往外走了，比我先走，因为他抑制不住自己的眼泪了。不过阿波早先就一直在哭，这时伤心得失声嚎哭，害得我们大家都撑不住了。只有苏格拉底本人不动声色。他说："你们这伙人真没道理！这是什么行为啊！我把女人都打发出去，就为了不让她们做出这等荒谬的事来。因为我听说，人最好是在安静中死。你们要安静，要勇敢。"我们听了很惭愧，忙止住眼泪。他走着走着，后来他说腿肿了，就脸朝天躺下，因为陪侍着他的人叫他这样躺的。掌管他毒药的那人双

  手按着他,过一会儿又观察他的脚和腿,然后又使劲捏他的脚,问有没有感觉,他说"没有";然后又捏他的大腿,一路捏上去,让我们知道他正渐渐僵冷。那人再又摸摸他,说冷到心脏,他就去了。这时候他已经冷到肚子和大腿交接的地方,他把已经蒙上的脸又露出来说(这是他临终的话):"克里,咱们该向医药神祭献一只公鸡。去买一只,别疏忽。"克里说:"我们会照办的,还有别的吩咐吗?"他对这一问没有回答。过一会儿他动了一下,陪侍他的人揭开他脸上盖的东西,他的眼睛已经定了。克里看见他眼睛定了,就为他闭上嘴、闭上眼睛。

  伊奇啊,我们的朋友就这样完了。我们可以说,在他那个时期,凡是我们所认识的人里,他是最善良、最有智慧、最正直的人。

  原文中多处出现很复杂的复合句,乍看来不知如何翻译。但是在掌握汉英语句结构差异以及汉英思维模式差异的基础上,通过对复杂句式的层层拆解,抓住文章要表达的核心语义,以汉语习惯的表达方式,依靠短语之间的灵活搭配。译文的遣词、构句、句式之间的架构,充分体现译者翻译心思之巧妙。例如,首句中的"cheerfully""quietly"被译为"高高兴兴""平平静静",虽然用词并不华丽,但是四字叠字的用法形象逼真地传递出苏格拉底愿意放弃世俗的快乐,为善而死的信念,把叠字的语用功效发挥得恰到好处。再如,对苏格拉底临终前喝毒药,以及喝毒药后身体发生的种种变化的描述,原文使用了大量的从句表达形式,而译者采用化复为单的方式,以小短句的形式呈现出来,节律整齐且结构均匀,全篇句子调配极为顺畅,文字交错间体现了汉语表达中蕴含的象思维,勾勒出象思维最根本的物态之象,为读者呈现出极为生动感人的画面。

  从根本上说,规定性思维向变通性思维调适的核心在于能够秉持一种"变"的态势,它是一种整体中的运作。整体运作意味着变化是在一定范围之内发生的,而非不着边际。对英语母语者而言,要理解学习并习惯汉字传递的模糊含蓄的意味,要学会体味这模糊含蓄意味中的韵味,即在流变的语境中,联系诸多关系的节点,体味文字背后的意蕴。尤其是唐诗宋词,常常寥寥几十字,却意思完整,内容丰富。然而,许多相互联系在诗中被凝聚、浓缩。鉴赏一首诗，就是把一张被凝聚、被浓缩的网络加以展开和展示，即人们常说的赏析。赏析不是通过推理分析，没有固定的模式可循，而是把被凝缩的东西慢慢细细地展开，就像把蚕茧慢慢地加以缃绎，以一种"人—世界"融合为一的"在世结构"（张世英，2016a：43），通过联想，体味不同的感受。例如，2012年，时任国家副主席的习近平同志在参加中美企业家座谈会时指出，希望中美企业家能够"风物长宜放眼量""不畏浮云遮望眼"。前一句出自毛泽东的《赠柳亚子先生》，原意是人生往往会遭到很多困扰与烦恼，要有开阔的眼界和长远的目光。后一句出自王安石《登飞来峰》，原意是不怕浮云遮住远望的视线，体现了作者的远大抱负和高洁情操。在具体的语境中，"风物长宜放眼量"意在企业家的眼界决定他们的境界、作为以及地位。希望企业家们"不畏浮云遮望眼"，即不因一时一事的干扰因素而裹足不前，而应着眼长远，拿出更多、更适合两国消费者需求的产品和服务[1]。可见，在汉语中，从文字建构到意义的最终形成，虽立足原意，但要体味其中意蕴很难依靠一种线性的逻辑推理，而是在多变的世事中将许多相互联系的节点组成一张网，它不是现成的东西，而是一种含蓄的、具有生发机制的意境。只有通过灵活多变的思维，认知主体才能在整体语境中体味其中的内涵。

概言之，规定性思维向变通性思维的调适就是要与直觉思维的认知模式相适应，对具体情况进行具体研究，随机应变。但是，这并不意味着没有规定，没有规定的变通便是诡辩。如果没有任何是与非，没有任何可遵循的规定，没有任何可衡量的标准，只借助似是而非的诡辩对事物本性做随心所欲的理解，这绝非辩证法的本意（王前，2004：133）。因而，对汉语的学习和理解，首先要掌握其文字和用法的特点，以及与拼音文字的差异所在。进而，在维特根斯坦所说的"语言游戏"中，学习体悟汉语的用法。"游戏"意味着自发的参与与完全的投入，有内在的参与方式，包含无法被事先确定的关键因素（悬置规定思维的种种预设），虽无实证意义上的真假可言，却总有成功与失败的交缠，总有新意义或趣味的临时构成和不断去构成它们的冲动（张祥龙，2000：478-882）。在这一过程中，不

---

[1] 内容来源于中国共产党新闻网。

仅要避免规定思维产生的命名单一的对应和判断真假的简单标准，还要体验语境本身的变化，在游戏的回旋空间中达到豁然贯通的理解。

4.5 本章小结

本章从哲学视角出发，对汉英互译中思想模式的可转换性进行探讨，同时提出汉英思维模式调适的路径。具体地说，本章在本书中起着承上启下的作用。"承上"意思是说本章的讨论是以思维模式差异在汉英互译中引发的哲学问题及冲突为基础，从"思维前结构调整""逻辑反演""逻辑追问""现象学还原"等方面多角度解析如何实现汉英互译中思维模式的调适。"启下"是指启发汉英互译中思维模式调适的应用研究，并作为其理论根据。

#　第 5 章

汉英互译中思维模式调适的应用

在对汉英互译中思维模式进行较为完整和系统的比较分析之后，本章将探讨汉英互译中思维模式调适研究对翻译教学和中外文化交流的启示，以及由如何讲好中国故事引发的思考，旨在使汉英互译中思维模式调适的研究发挥应有的实际功效。

5.1 对翻译教学的启示

翻译教学的重要任务之一是不断提升学生的翻译思维能力，而这种能力的提升不能仅仅依靠经验性的翻译教学，而需要立足中国学生的认知特点，关注其翻译的思维过程。在帮助学生积累翻译经验的同时，不断夯实其理论知识，通过知识结构的调整和完善，促使思维结构与思维品质不断优化。

5.1.1 在翻译教学中开设比较文化课程

要实现汉英互译中思维模式的调适，译者显然需要有对中西文化的思维特征的深刻理解，而目前的翻译教学体系对这一点还缺乏足够重视。有些教师在翻译教学中或多或少涉及中西思维特征的比较研究，但往往不够自觉、不够系统。为了达到对中西文化的思维特征差异的深刻理解，有必要在翻译教学中开设专门的比较文化课程。

开设中西比较文化课程需要从思维模式角度切入，紧密联系汉英互译过程中的实际情境和问题，通过文化背景、文化因素、文化基因的解读，扩展英语学习者知识储备，调整并更新其思维前结构，使翻译专业的学生在翻译实践中能够比较顺畅地进行汉英思维模式转换，实现较为精准的语义表达。文化具有历史性、公共性、可解释性等特征。中西文化的比较可以对汉英思维模式存在的"文化土壤"进行分析,对其"文化特征"进行解构,使得汉英思维模式存在的"文化前提"完全暴露出来。显然,这在单纯的语言技能课堂上很难做到。

比较文化课程的开设还可以帮助学生在辨识中西文化差异的基础上,形成对西方文化的基本认知,加深对中国文化的理解,建构起汉英思维模式差异背后所蕴含的文化理论框架,并在此基础上,了解基于汉英思维模式差异对中西文化差异的合理解释和这种解释对评价中西方文明的深刻意义。这比单一的某一种国外文化课程要更加深刻,意义更加深远。因为任何事物都不可能由自身确定,而必须靠区别于自身的他者来确定。正如巴鲁赫·斯宾诺莎所言:"任何个别事物,即任何限定和有条件存在的事物,若非有自身之外的原因使其有条件存在和行动,便不可能存在或在一定条件下行动"(张隆溪,2005:9)。同样,对一种异域文化的任何了解,都是通过辨别"同"和"异",确定其与母语文化的互相关联才能得以实现。

开设比较文化课程的重要目标就是培养翻译专业学生具备"万物不同而相通"的观念(张世英,2014:71)。这在经济全球化日益发展,中西方文化逐渐地走向融合的今天显得尤为重要。现代汉语的变化与现代西方文化中抽象思维的演变,以及汉英思维模式相互转化和贯通性的研究,有助于深入阐释中西文化观念各自产生和存在的理由及合理性,在尊重彼此差异性的基础上,实现跨文化交流和沟通。

近几年,课程思政内容逐渐融入翻译教学与研究中。教育部关于印发《高等学校课程思政建设指导纲要》(下称《纲要》)中明确提出,"课程思政建设内容要紧紧围绕坚定学生理想信念,以爱党、爱国、爱社会主义、爱人民、爱集体为主线,围绕文化认同、家国情怀、文化素养、宪法法治意识、道德修养等重点优化课程思政内容供给,系统进行中国特色社会主义和中国梦教育、社会主义核心价值观教育、法治教育、劳动教育、心理健康教育、中华优秀传统文化教育"。《纲要》提出要充分注意到"文化"的"文治与教化"功能,因为文化不仅是一种在人本身自然和身外自然的基础上不断创造的过程,而且是一种对人本身自然和身外自然不断加以改造,使人不断从动物状态中提升出来的过程。

对翻译专业的教学而言,课程思政的重要价值在于,使学生能够准确把握中外文化的差异,同时能够从不同的参照系反观并加深对母语文化的认知,增强对母语文化的自信。更为重要的是,使新一代翻译人才能够充分了解中国文化的基本精神。作为中国文化的重要传播者,翻译人才只有熟知中国文化及其精髓,才能在中国文化对外传播过程中,较为准确地弘扬中国文化的精神。这里需要指出的是,"精神"本身是对形体而言,文化的基本精神应该是对文化的具体表现而言。文化的具体表现即历史、社会制度、民俗习惯等,文化的精神即思想。而"精"可解释为"择也","熟也,细也,专一也"。总之,"精"是细微之义,而"神"即表示"灵",有能动的作用之义。发扬中国文化精神就是充分调动中国文化发展过程中精微的内在动力,推动中华民族不断前进。因此,作为中国文化的核心,中国文化精神如何融入当代翻译教学过程中,是值得深入思考的一个问题。

简言之,中西文化比较课程可以通过中国语言文化与其他语言文化的比较研究,揭示中国语言文化与其他国家语言文化的差异,突出中西语言各自蕴含的传统思想文化特征,使学生能够准确把握中外文化的差异,同时从不同的参照系反观并加深对母语文化的认知,增强对母语文化的自信,既不排斥国外文化,也不被其同化。通过全面系统地解析中西方文化的特征及其具体表现,深入探究两者的差异性和互补性,实现中西"文化对话"和"跨文化比较"。

5.1.2 在翻译教学中培养批判性思维能力

仅专注于语言层面的训练,无法有效消除母语思维模式对翻译的消极影响,也无法彻底解决翻译专业学生普遍存在的"思辨缺席"问题。因此,翻译教学必须从思维模式本身入手,全面提升翻译专业学生综合思维能力。尤其在知识爆炸时代,如果我们仍旧将重点放在知识点的传授与考核上,学生还未毕业其在校学习的知识很可能就已经过时。如果将分析问题和解决问题的思辨能力作为教育目标,这种具有综合性、迁移性、系统性的能力能够让学生终身受益(Boeckx,2009:42)。因此,批判性思维本身是一种思辨能力,是一种反思性思考习惯,它有助于转变学生对"学习"本身的认识,从强调记忆与复述转向将学习看作是一个"不断演化地发现、质疑和重构假设的过程"(文秋芳、孙旻,2015:6)。

更为具体地说,与批判思维能力有关的教学内容和训练在不同程度上已融入现有的翻译教学课程体系中。但存在的问题是:首先,这些研究成果多以语言现象作为研究的出发点,缺少对汉英思维模式差异的批判性探究;因此,培养批判性思维的目的在于使学生能够对汉英互译中思维模式的差异进行自觉的反思。其次,现有的翻译课程体系关注中西文化差异在表象层面的"自明性"特征,学生对这些"自明性"的特征缺乏进一步追问的自觉意识。这样的教学课程体系培养出的翻译人才通常习惯于运用"表象思维",完全沉浸在感性材料里,因而很难从中提取更为本质的特征(孙正聿,2013:243)。这种表象思维运作的结果是,因为缺乏对文字背后思维模式差异的充分认识,学习者很难摆脱文字符号的窠臼,实现对一种语言精准的掌握,也就较难在汉英互译中对思维模式进行调适。

翻译课程体系中融入并加强批判性思维能力的培养,就是要让学生对汉英思维模式差异性产生的"思想前提"进行追问,对汉英思维的"前结构"进行解构,使得这种差异性存在的"前提"完全暴露出来,从而达到对汉英思维模式差异的深刻理解。在汉英互译过程中出现困难、困惑等情境时,批判性思维能较快地发现困难或困惑出现的症结所在,促进寻求问题答案的思维活动顺利进行。这一从情感上的迷惑到问题的解决过程,就是理智化的过程。因为每个理智的暗示都是对某些未来可能发生的事件做出的预测,而最后的解决路径会确定事件未来发展的态势(约翰·杜威,1991:84)。因此,批判性思维的培养有助于学生在翻译实践中,面对出现的表达问题,不仅能够积极有效地解决,而且能够对该问题未来产生的影响做出预判,并对预判进行验证或者否定,分析针对该问题的解决方案可能会对下一步的交流行为产生什么样的影响。这对于预测和提前化解汉英互译中产生的摩擦和冲突是十分有意义的。

批判性思维能力的培养,还能够激发翻译专业学生不断探索,挑战原有的信念,发现新的问题。约翰·杜威认为思维的含义可以等同于信念。信念是超越某物之外对该事物的价值做出的测定。它对事物、原则或定律的性质做出一些断定，这其中就包括在对知识不确定的情况下，仍然坚持其正确性，以及随着时间推移，知识正确性会发生改变的事情。正如过去许多曾被认为是确定的知识，现在却变成了一种看法或者是错误的内容（李业富，2017：406）。批判性思维的养成能够帮助学生形成良好的思维习惯，在翻译中，检验跨文化交流行为，即重新检查以往的事实和观念（书本知识、过往的交流经验等），以及它们彼此之间的相互联系，纠正偏误，调整和扩充已有的思维结构，使自身的思维模式更加丰富和灵活，有能力应对繁杂多样的汉英互译活动。

5.1.3 翻译人才哲学素养的培育

汉英互译中思维模式差异的研究，揭示了汉英思维模式差异的根源在于中西哲学理念的不同。因此，要准确把握汉英思维模式的差异，实现汉英互译中思维模式的调适，还需要注重对翻译专业学生哲学素养的培养。具体地说，就是要转变以往翻译教学领域一味注重语言技能的训练，缺乏理论素养培养的状况。弗里德里希·恩格斯（Friedrich Engeis）曾说："一个民族想要站在科学的最高峰，就一刻也不能没有理论的思维。"这里的理论素养主要是指哲学素养。"理论的思维不仅仅是一种天赋的能力。这种能力必须加以发展和锻炼，除了学习以往的哲学，直到现在还没有别的手段"（弗里德里希·恩格斯，2015：23-34）。对翻译专业学生而言，哲学诠释学和语言哲学理论对其哲学修养的培养尤为重要。具体说来：

首先，汉英互译中思维模式差异研究的实践价值，是能够在掌握汉英思维模式差异的基础上，实现译文的可理解性，简单来说，就是要"达"意。那么，如何克服语言、文化、历史和社会等各个方面的差异，实现中西文化传统之间的相互理解，这对于翻译人才培养来说是一个十分重要的问题。哲学诠释学提供了一条探析这一问题的路径。虽然哲学诠释学在每个发展阶段的理论都不尽相同，但是，它对"理解"的历史性、文化性、先见性、主体性特征的讨论，能够使翻译专业学生对"理解"的观念发生重大改变，从对被理解者表达"意图"的破译转向对自我认识的重新审视。具体说来，在一般情况下，理解者很难将自身从原有的前理解中抽离出来,理解的结果或译文实际上是理解者在前理解基础上再创造的过程。当然,要实现准确的理解,理解者在面对被理解事物不断挑战的过程中,要依据事物本身来调整自身的前理解,实现自身前理解与被理解事物历史性的融合,也就是汉斯-格奥尔格·伽达默尔所说的"视域融合"。这些理论思想可以启发翻译专业学生如何在语言因素之外,调整自己的前理解,始终保持一种开放的视域,敏锐地发现基于母语的思维前结构与英语思维之间的张力,将其完全显现出来,并消融在已有的前理解所发掘出来的视域中,使译文更加易于理解,促进汉英文化之间的顺畅交流。正如威廉·狄尔泰所言:"理解的艺术就应该把陌生转化为己有"(张隆溪,2014:12)。

其次,学习语言哲学有助于从根源上解析语言的本质、生成机制及运作机制,通过对语言的理解实现对其言说者生活世界的了解。换言之,学习语言哲学不以研究语言的产出为目的,而是期待一种更深层次形态的理解生成(陈嘉映,2010:21)。对翻译专业学生而言,语言哲学的研习能够使他们自觉思考"语言"和"思维"的关系,即语言和思维在何种程度上达成统一,能够从思维模式角度把握英语以何种方式去构成关于世界的各种各样的思想。换言之,能够知晓英语母语者以何种方式表达他们对世界的理解。反过来,基于英语母语者对世界理解的分析,能够洞悉其如何理解世界,努力地把思想"自由沉入于内容,让内容按照它自己的本性,即按照它自己的自身而自行运动,从而考察这种运动"(黑格尔,1997:40)。洪堡特曾经说:"语言是世界观",又说:"语言是一个民族人民的精神,一个民族人民的精神就是其语言"(陈嘉映,2010:1)。以英语语法为例,它的意义远远超过课本上讲授的内容。包括英语语法在内的印欧语的语法被认为是"导致了科学的产生,由朴素的世界观发展出一种清晰的科学世界观",一种被称为"科学思想"的东西(徐通锵,2007:175)。

更重要的是,哲学理论的研习在培养翻译专业学生哲学素养的同时,还能提供一个看世界的新视角。通过这个视角,学生在面对繁杂的语言现象时,能够发现更多深层次的概念系统,它包括了该民族的行为特征、生活状态以及思维特征(成中英,2017:17)。这不仅能够加深对英语语言的理解,而且在语言符号和规则之外,可以开拓出更加广阔、意义更加丰富的视野。

5.2 对汉英文化交流的启示

不同思维模式的运作释放出的能量对文化交流不可避免地会引发摩擦和冲突。正如卡尔·普利布兰姆（Karl Pribram）所言："世界各民族之间的相互理解与和睦关系之所以受到阻碍，不仅由于语言的复杂多样，更是由于思维模式的差异。就是说，是由人们确定的知识来源和进行有条理思维方法上的差异所造成的"（王秉钦，1992：67）。然而作为文化发展中辩证统一的矛盾双方，思维模式的冲突与融合既对立又统一，通过不同思维模式之间的融会贯通，可以使文化交流的双方在互补互惠中实现动态的平衡关系。

5.2.1 注重汉英文化交流中的思维模式差异

文化是一个民族复杂的思想，处于一个民族生活世界的中心位置，与居于边缘位置的经济，特别是生产活动相比，后者运转速度较快，而居于中心位置的文化随之而运转，但其变化速度较为缓慢。民族之间、个人之间，在文化及其观念方面的接触比起经济和物质生活方面的接触，是间接的、无形的、深层次的。这在很大程度上造成了各民族之间，以至各群体之间的文化比较难沟通（张世英，2014：76）。为了实现不同文化之间的交流，需要参照自身文化的特点，了解并掌握对方文化的演变过程、已成形态及律动脉搏。而思维模式作为文化的核心因素，发生在文化观念的深处。只有在充分了解思维模式差异的基础上，交流双方才有可能在跨文化交流中理解对方，包容对方，用对方文化可以接受的方式进行交流。在面对跨文化交流中出现的矛盾和冲突时，他们才能够找到较为有效的化解途径。

对汉英文化交流而言，中国文化和包括英语国家文化在内的西方文化之间的差异，可能会使双方的交流产生一些矛盾和问题。从思维模式角度将这些问题展开分析研究，可以加深对这些矛盾和问题的认识。例如，中国传统文化注重和谐统一，这源于中国传统思维模式的主要特点，即在整体直观中把握事物的共性，强调事物之间的内在关系，把统一与和谐作为差异和矛盾的本来根据和发展趋势来把握，而对立与差异是包含在统一与和谐之中的。中国古代哲学理论中的"太极""太和""太虚"等都可指至高无上的和谐。当然，这种和谐不是排斥差异和矛盾的，相反，对立面之间的相互作用是和谐统一本身所固有的，也是事物外在对抗与冲突的根源（张岱年、程宜山，2015：71）。西方文化比较注重分别和对抗，这与其习惯主客二分的思维模式，即通过逻辑分析取舍事物属性，揭示其本质属性有着很大的关系。例如，古希腊哲学家赫拉克利特（Herakleitus）就提出对立面的冲突不是一场灾难，而恰恰永远都是一切事物的条件。"战争是普遍的，正义就是斗争，所有事物都是借着斗争和必然性产生的。"从这个观点出发，他说："相反的东西结合在一起，不同的东西造就最美的和谐"（斯通普夫，2008：12）。这些观点显然更侧重强调矛盾的斗争性在推动事物发展中的作用。

虽然汉英思维模式在中西文化的发展、演变和创造过程中发挥了极其重要的作用，但也不能否认的是，它们各自都有某些局限性。因此，注重汉英互译中思维模式的差异，意味着在汉英文化交流中，交流双方能够互相学习，取长补短，在发挥自身文化优势的同时，对于对方文化始终保持善意的态度，在善意的交流中激发文化自身的创化能力。

最后，注重汉英互译中的思维模式差异并不是要放大汉英文化的差异性，而是在发现两者差异性的基础上，打通它们可以贯通之处。贯通的含义在于将彼此置身于相互联系、相互影响、相互作用、相互依存和相互转化关系中来考虑问题。而且，文化上的差异性或文化类型的不同通常只显现为其侧重点或走向有所不同。一些最基本的元素在不同的文化中是普遍存在的，例如，逻辑上的同一律和相关律。因此，通过思维模式差异的视角去解读汉英文化交流，能够促进汉英文化在哲学层面的沟通和对话，同时，能够挖掘出汉英文化共同的出发点、共同的理想以及未来目的的统一性，使汉英文化交流保持和谐的发展态势。

5.2.2　加强文化交流中理解和解释的研究

在跨文化交流中，交流双方必须把基于自身文化传统的观点、想法、命题等用对方可以理解的话语表达出来，从而使其具有普适性。但是，由于交流双方母语不同，理解障碍是必然存在的。因为，语言的局限同时也是理解的局限，理解本身具有语言性的特征，语言塑造人的理解力，即使是非语言的理解也要依赖语言提供的心理和文化的基础（殷鼎，1988：114）。对汉英文化交流而言，汉语表达"重意境"，利用"言"本身的象征性去隐藏"意"的清晰性，让人们在具体境遇中体会"意"到底是什么，以实现"立象以尽意，得意而忘言"的效果。所以，汉语表达中大量的成语、箴言、寓言等，虽然表达精辟且富有深意，但缺少论证。即使有论证，也多为形象性的比喻、类比、类推，而归纳、逻辑推理和演绎较少。例如，"树大招风""翻云覆雨""纸上谈兵"等表达，对于习惯了逻辑推理，追求语义精准的英语母语者而言，是很难把握其准确含义的。简言之，汉语思维作用的结果就是留下各式各样的不确定的解释空间。同样，对于汉语母语者来说，面对很多英语表达中隐喻现象，例如，"Socratic method"（苏格拉底式的方法，在英美国家课堂教学中经常采用的问答式教学法）、"rat racing"（尤指商业领域的激烈竞争），就很难抽象出本体与喻体之间由于某一概念维度的变化而引发的新的概念意义。加上缺乏相关的社会文化背景知识以及与英语世界互动的经验基础，常常很难准确理解英语隐喻的含义。

因此，对上述类似表达不加以适当的解释，汉英文化交流中就很有可能出现交流障碍。因此，如何进行合理的解释是汉英文化交流中应该注意的另一个重要问题。合理解释的含义在于能够用对方可以接受的方式，即通过思维模式的调适，使用符合对方思维习惯的表达，揭示语言与文化之间的历史继承关系，在兼顾语言公共性和私人性的同时，化解解释对象与理解者之间的内在张力，进而在一定程度上避免汉英文化交流中误解情况的发生。这里采用的"误解"的含义是从认识论角度出发的，以对被理解事物的某种正确理解为前提。"误解"是理解过程中的消极因素，阻碍理解者达到正确的理解（潘德荣，2008：34），必须及时加以化解。

总之，加深汉英文化交流中理解和解释的研究，不仅有助于实现语言最基本的达意功能，促进汉英文化交流的顺利进行，而且随着对交流对象理解的不断加深，以及对自身言说行为进行合理的解释，交流双方能够发现自身和交流对象在把握知识的特有方式上的差异性。进而，交流双方能够有的放矢地调整自身的思维前结构，根据具体的交流情境对思维模式进行调适，尽量消除理解、解释分析与交流双方之间的内在张力，充分发挥理解与解释在汉英文化交流中应有的功效。

5.2.3 优化汉英文化交流中的对话关系

汉英文化交流是交流双方知识共享、情感共鸣、心灵共融的过程。在这一过程中，交流双方围绕某个主题各自阐述自己的看法，不断地进行知识的传递和思维模式的碰撞，在对话中实施并完成交流行为。可见，对话在汉英文化交流中发挥着重要的作用。而优化汉英文化交流双方的对话关系，是保证并推进汉英文化交流中思维模式顺利调适的重要途径。具体说来：

首先，优化汉英文化交流中的对话关系需要以相互理解为基本前提，特别是要充分理解交流双方的思维模式差别。如汉斯－格奥尔格·伽达默尔所说，"对话是两个人相互理解的过程，对话的一个特征是，每个人各自向对方开放自己，真诚接受对方的观点，把对方的观点看作是值得考虑的，循此进入对方的思路，知道理解不是对方这个特定的个体，而是对方说的内容，必须紧紧抓住对方观点中的客观正确性，以便就一个主题达成一致"（Gadamer，1979：138）。换言之，交流必然不可能是单独一方作为基础，而是以双向沟通为起点。交流中的言辞情境指向人与人之间的沟通脉络，在人的言辞和行为里或使用语言的情境中，显示出人类倾向追求一种重视自主性和负责任的生活（阮新邦、林瑞，2003：3）。因此，汉英文化交流行为要以语言行为为基础，以思维模式调适为重要途径，交流双方以相互理解和相互协调为基本机制，以实现交流共同体各主体间共同接受的合理目标为目的的沟通活动。

其次，优化汉英文化交流中的对话关系要求交流双方拥有平等、开放和共在的沟通意识，确立主体间的相互尊重、相互建构对话关系，具体显现为"我—你"的共融关系，而不是"我—他"关系。"我—你"的关系之所以优于"我—他"关系，是因为"他"是外在于"我"的存在，而"你"则是内在于"我"、与"我"相通的存在（刘晗，2017：169）。"我"和"你"之间平等、相互包容和尊重的对话关系保证了对话的有效进行。在汉英文化交流层面，双方在交流实践中应树立平等共存的意识，以开放的心态交流,在展示自身特点的同时,充分理解对方的思维模式,将对方融入自身的视野当中,包容交流对象与自身的不同,汲取差异性中的精华之处,使得自身得到不断地丰富,实现汉英文化交流之间的有效沟通。

最后,优化汉英文化交流中的对话关系要求交流双方保持理性的态度。人的成长历程就是不断沿袭并发展其身处社会的语言、知识、规范、价值等,并逐渐融入社会的过程。这一过程会积累认识事物和规范自身行为所需的知识资源,也会成为理解自己、表达自己和建立自己生活意义的资源。通常情况下,人们会习惯性地按照这些知识资源行事。然而,在一些互动的情境下就会对已有的知识资源质疑。这就包括在汉英文化交流中,交流双方常常会遇到与自身认识事物的思维模式和规范不相一致,甚至是冲突的情境。如果一味地坚持以母语为基础的知识资源,包括思维模式,去理解对方的意义,那就很容易出现误解或误读的问题。换言之,只有充分理解双方背后的知识资源和与之相应的社会脉络和生活世界,才能比较准确地理解汉英文化交流行动的意义;同时,基于汉英语言的社会知识和生活世界使得汉英文化交流和沟通得以不断地、循序渐进地延续和转化。

5.3 对讲好中国故事的思考

在中国文化"走出去"的战略背景下,建构一种"融通"的思维理念是讲好中国故事的关键之一。"融通"的精髓是在了解自我与他者差异性的基础上,实现自我与他者的有效沟通,为中国在国际舞台上争取更大的话语表达空间。这就要求译者在具体的翻译实践活动中对自身的思维模式进行自觉地调适,用对方能够理解的方式宣讲中国话语,弘扬中华文化,使中国文化精神中蕴含的普适价值通过合理的转化,焕发出新的活力,彰显其时代价值。

5.3.1 基于思维模式调适角度的思考

讲好中国故事的关键是要"建构融通中外的新概念、新范畴、新表述"。其中,作为核心概念,"融通"指的是在了解自我与他者差异性的基础上,根据具体的情境,采用他者可以理解和接受的方式传递中国理念和中国主张，实现自我与他者的有效沟通。然而，一直以来，源于欧美的学术观念、问题意识、研究规范和表达方式长期占据国际学术的领导地位。近些年，虽然在一些学术领域，我国具有对等地开展国际交流与合作的能力，但某些领域理论思维与体系建构能力不足的问题仍然存在。这使得某些中国故事的讲述常常停留在事实与经验的陈述，或将西方的理论与话语体系直接套用在中国实践基础上（于成学，2017：169–170），用西方的理论体系与话语体系提供的解释框架解读中国的经验与实践。这就难免会使中国的思想、理念、观点受西方话语体系的制约，并与西方话语解释框架之间出现断裂的问题，从而导致国际社会对中国话语的误解和误判。

从汉英思维模式差异角度来看，在面向注重"法则""建构""逻辑"的西方人讲中国故事时，如果简单地采用重"意境"、讲"意会"、靠"领悟"的汉语思维模式，就很有可能造成"有理说不出，说了传不开"的局面。而汉英思维模式的调适是以分析思维模式差异为基础，因此，可以作为打造易于国际社会理解和接受的新概念、新范畴、新表述的发力点和突破口。同时，思维模式的调适可以用来化解跨文化交流中由于中西思维模式差异引发的冲突和问题，而冲突与问题的解决恰恰是话语体系建构的逻辑起点（杨刘宝、张宝忠，2017：342），因为话语的创新意味着旧的话语体系无法解决各个领域在跨文化交际中出现的诸多问题。这些问题又给话语创新提供了契机，而且为汉英思维模式调适提供了发挥其自身功效的平台。

具体说来，汉英思维模式调适一方面可以化解中西思维模式产生的冲突，让中西交流的鸿沟在复杂的历史与现实的关系中通过思维模式的解构暴露其遮蔽性；另一方面，汉英思维模式调适过程中突出言说主体的作用，即以中国自己的视角，积极主动地去解释自身的理念、观点等，而不是任由西方话语体系随意地解读。从更深层次上说，西方思维对中国话语的翻译、解读，或者说破译，其实都是"强势"语言社团将自己的认知方式强加于被认为是"弱势"语言社团之上。这在很大程度上源于西方世界与第三世界交往过程中显露出的明显的优越感；较于第三世界国家的语言，西方世界的语言更容易创造和掌握。当其他话语亮相于国际舞台时，一些西方话语优越感强势的学者以一种"权威"的姿态，用一种在他们看来众所周知的认知方式，在制造对其他文化看似对等解读的同时，压抑其他认知方式（许宝强、袁伟，2001：207）。因此，将汉英思维模式调适纳入中国话语体系建构中，可以使中国故事保持"中国风格"的同时，具备"国际风范"，改变欧美国家打造的一元化话语世界的局面，谋求中国对世界问题和自身问题的有效解释能力，打破欧美话语在国际舞台上唱主角的局面，为中国争取更大的话语表达空间和话语表达权力。

5.3.2 基于翻译人才培养角度的思考

作为对外交流的使者和重要的媒介，翻译人才的综合能力在很大程度上影响了中国故事对外传播的质量和效果。在中国文化"走出去"的对外发展战略背景下，外语人才尤其是"中译外"翻译人才的培养显得尤为重要。他们担负起中国故事怎么来讲，受众们能否听得懂，讲了以后会产生什么样的国际反响和作用，如何避免中国故事对外传播中可能出现的矛盾和问题，以及如何借助翻译的力量增强中国故事对外传播的效能等诸多使命（周明伟，2014：5）。这些都值得翻译人才培养深入思考，也为下一步翻译人才培养指明了方向。具体说来：

首先，要加强翻译人才思维的训练和培养。翻译是在两种思维轨道上进行的思维活动，具备"双轨思维"是译者应具备的基本素质。更为具体地说，翻译人才应充分掌握中外思想文化差异，在具体的翻译实践活动中对中外思维模式进行自觉转换，用对方能够准确理解的方式宣讲中国话语，弘扬中华文化。这就意味着，翻译人才不仅要具备语言优势，而且要具备思维优势。此外，加强翻译人才思维的训练和培养是为了使其善于思考，善于发现问题，即能够发现由思维模式差异造成的交流壁垒，解析阻碍中国话语在跨文化传播中遇到的关键问题。约翰·杜威曾提出人类解决问题的思维步骤，即意识到困难的存在，以及认识到困难本身的问题所在（周明伟，2014：5）。加强思维的训练和培养使翻译人才准确预测到跨文化传播过程中由于汉英翻译可能会带来的信息遮蔽或信息误判等问题。

例如，《求是》杂志中文版 2014 年 15 期《学好强军理论、干好强军事业》一文中有"建设什么样的军队、怎样建设军队，打什么仗、怎样打仗"的表述。如果将"打什么仗、怎样打仗"直接译作"What war will China fight and how will we fight it?"就会让外国人对此句话产生误解。为了避免或减少对中国国际形象产生负面影响,《求是》英文版对译文做了迂回处理,"What war will China be called upon to fight and how should this war be fought?"(贾毓玲,2017:562),译文中巧妙地运用了英语中的被动语态 be called upon(被召唤去做某事),客观地陈述了中国没有主动挑起战争的意图,这就在很大程度上避免了国际社会对中国军队建设的误判。

其次,翻译人才培养内容中应强化人文主义教育内容,尤其是对中国文化的解读,全面提高翻译人才人文素养。唐代史学家刘知几曾讨论过史家三长——史才、史学、史识。在现代,才能、学问、见识依旧用来判断一个人是不是人才。对翻译人才而言,除了具备丰富的翻译经验,能够翻译经典作品之外,还要能够融通中外,有扎实的本国和对象国的文化、历史及专业知识背景(吴志奇,2014:32)。而在中译外中,熟知中国文化和历史是翻译人才应具备的基本素质和前提。尤其是在当下,借助古诗词、俗语和成语的表现力和传统影响力传递新时代中国思想和中国理念已经成为讲好中国故事的一种惯例。这对中译外翻译人才提出了更高的要求。如何使不了解中国文化和历史背景的受众能够理解,并且认同其中的道理和理念,是翻译人才首要考虑的问题。这也要求翻译人才要具备丰富的中国文化知识和较高的人文素养,对中外思维模式的差别和融通有深刻的理解;在充分考虑语言特征之外,能够结合事件的前后背景以及逻辑关系,对原文进行翻译,防止对原文产生片面的理解和解释。

例如,习近平总书记在祝贺欧美同学会成立 100 周年讲话中指出:"希望广大留学人员坚持面向现代化、面向世界、面向未来,瞄准国际先进知识、技术、管理经验,以韦编三绝、悬梁刺股的毅力,以凿壁借光、囊萤映雪的劲头,努力扩大知识半径,既读有字之书,也读无字之书,砥砺道德品质,掌握真才实学,练就过硬本领。"其中四个成语典故在《习近平谈治国理政》(英译本)一书中,被翻译成"You should keep the perseverance and diligence in reading as related in stories of Confucius, Sun Jing and Su Qin, Kuang Heng, and Che Yin and Sun Kuang."（习近平，2018：59）。显然，如果不了解讲话中的几个典故，首先无法将成语典故的意图，即"坚持不懈"（perserverance）和"勤奋"（diligence）直接表达出来；其次，从翻译策略上讲，只有熟知典故中的人物，译者才能采用以成语故事中的人物指代成语本身的策略。用西方人比较熟悉的孔子作为引导，推断与孔子并列的人物亦是中国古人，可以帮助受众准确地理解典故的含义。

最后，要培养翻译人才具备强烈的国家意识。作为中华民族思想理论体系和文化知识体系外在的表达形式，中国话语体系受到孕育其生成的文化思想理论体系和知识体系的制约。中国政治话语体系则是中国治国理政思想的表达形式，根植于中国政治文化土壤（范大祺，2017：75）。这就要求翻译人才在充分理解国家大政方针的基础上，深刻地意识到自身工作的重要性和紧迫性，其翻译行为担负着宣传和推广中国政治理念，树立中国国家形象的历史重任。其译文既要引导国际社会对中国政治理念进行正确的解读，又要保证译文充分体现中国特色、中国精神的政治理念。正如习近平总书记强调的，"参与全球治理需要一大批熟悉党和国家方针政策、了解我国国情、具备全球视野、熟练运用外语、通晓国际规则、精通国际谈判的专业人才"（杨枫，2019：1）。

5.3.3 基于文化发展战略角度的思考

讲好中国故事是创造性地传播中国文化精神，这是文化发展战略的主要目标之一。在经济秩序和文化秩序日益一体化的时代，如何挖掘出中国文化精神，如何探究支撑起中国文化精神普遍意义的生活世界，使中国文化不仅具有历史性和民族性，而且能够彰显其现代意义和价值诉求，是中国文化能否真正"走出去"的关键所在。

而要让中国传统文化精神在当今时代散发出新的活力，就需要在了解中西思维方式差异的基础上，借助思维模式的调适，把需要靠直觉体悟才能获得的心性体验转化为表达清晰通透的施政理念，赋予中国传统文化精神更强的解释力、穿透力、说服力，使其成为处理国家间、地区间、民族间关系的原则和理想。在这个意义上，讨论汉英互译中思维模式的调适就具有重要的现实意义。例如，中国政府提出的"一带一路""新安全观思想""新型大国关系"等理念，以及随之在政治、经济、文化、外交等领域的具体举措，无不体现"协和万邦""贵和持中""修齐治平"等中国传统文化精神。爱因斯坦（Einstein）曾说："真理必须一次又一次地被强有力的性格的人重新刻勒，而且总是使之适应雕塑家为之工作的那个时代的需要；如果这种真理不总是不断地重新创造出来，它就会完全被我们遗忘掉。"（爱因斯坦，1978：84）因此，不管是讲好中国故事，还是中国文化"走出去"，其本质都是根据时代的需要，重新展示中国文化精神。这就需要充分发挥思维模式调适的作用，即超越中国文化精神本身的抽象性，在历史与现实的关系中，将中国文化精神中蕴含的普遍价值通过合理的转化再表述出来，实现"民族精神与时代精神的内在统一"（胡海波，2015：115）。

此外，讲好中国故事，推动中国文化"走出去"，就是要参与到世界多元文化体系的建构中来。多元文化并不是要磨灭文化自身的特征，而是不同文化在不断交汇、碰撞、冲突的过程中逐渐走向融合的过程。"文化融合"意味着摒弃中西文化绝对对立的思想，既不推崇"华夏中心论"，也不盲目夸大西方文化的价值，而是以兼容并蓄的态度，对中西方文化系统的组成要素进行科学、谨慎的分析之后，辩证地、创造性地综合。这一过程离不开"会通"的思维模式作用其中。"会通"的思维模式是思维模式调适的具体表现形式，它以差异为基础，以可解析性和可塑性为前提，找到各自包含的对应关系以及可相容的因素。在中国文化"走出去"过程中难免遇到因思维模式差异而产生的诸多"逆"境，因此，译者需要根据中西思维模式的特点和规律，采用会通的思维模式，使中国文化顺利地"走出去"。

总之，中国文化发展战略的实施，是以中国传统文化精神为依托，结合时代的特征，借助思维模式的调适，使得不同文化背景的语言社团彼此相互敞开，相互接纳，相互包容，逐渐融合为一个有机的文化整体，从而推动彼此在各个领域的繁荣发展。

5.4　本章小结

本章主要围绕汉英思维模式调适的应用展开分析和讨论。本章的目绝不仅限于理论的探讨，而是追求其在与汉英互译有关的实践活动中的应用。本章从对翻译人才培养的启示、对汉英文化交流的启示及对讲好中国故事的思考三方面入手，从多个角度讨论汉英思维模式调适研究的实践意义、价值和功效。

结　语

　　本书沿着"汉英互译中思维模式差异的哲学思考—汉英互译中思维模式冲突产生的哲学溯源—汉英互译中思维模式冲突暴露的认知弱点—汉英互译中思维模式调适的路径—汉英互译中思维模式调适的应用"的研究思路和框架，在中西哲学思维比较的范畴内，结合跨学科研究的视角，对汉英互译中思维模式的调适展开深入探析，力求在汉英思维模式比较方面有所突破；同时，积极反思汉英互译中思维差异引发的哲学问题及冲突，并针对这些问题和冲突提出相应的解决方案，为翻译研究提供一种哲学思考的维度。基于此，本书尝试回答了四个主要问题：

　　第一，汉英思维模式各自的特征是什么？汉英思维模式的差异本质上源于中西哲学理念的不同，其差异性的关键问题在于以"取象"为主的中国传统思维模式与以"抽象"为主的西方传统思维模式之间的差异。前者是在整体直觉中把握事物的共性，体现为汉语重事物内在关系的突出，强调在意境中体悟事物的本质特征；后者是通过逻辑分析取舍事物属性，揭示其本质属性，体现为英语实体突出的表达习惯，通过严格的建构原则表达出清晰准确的句意。

　　第二，汉英互译中思维模式冲突的哲学溯源是什么？汉英互译中译者母语思维作用于对原文的理解，以及对译文的表达。而基于母语的经验判断在概念建构过程中常常出现与目的语的概念范畴不吻合或者不匹配的情况，从而产生概念迁移的冲突。而基于母语概念系统的"前结构"在对目的语理解过程中产生的深度移情，造成了对目的语所要表现事物的理解障碍。通过直觉思维和逻辑思维对汉英语言表达中视域产生的影响，深入揭示了汉语表达中的视域扩展和英语表达中的视域收缩之间引发的视域演变的冲突。

　　第三，汉英互译中思维模式冲突暴露出汉语母语者在翻译中的认知弱点有哪些？其一，"主体性不突出"的问题反映了在关系思维作用下，在汉英互译中不刻意突出对象，对"主体"概念不够重视。其二，"隐喻能力不发达"，这源于汉语母语者不习惯将事物的本质特征从其所在的关系网中抽离出来，加之英语语言文化知识储备不足，汉语母语者不擅长以隐喻的方式表达自己的观点，也很难理解英语隐喻的准确含义。其三，"例证分析能力不足"，这主要是直觉与逻辑差异产生的结果。在汉英互译中，汉语母语者往往把对事物本质的理解与事物本身融合在一起，并未对其进行抽丝剥茧式地逐层分析与论证；在理解英语表达时，往往不能将事物本质特征从事物本身当中抽离出来，形成对事物本质特征的一般性认识。其四，"层级建构能力不足"，这是意会与建构之间差异产生的结果。在汉译英时，常常出现多个谓语叠加，主干结构模糊的现象。在理解英语表达时，习惯在语境中领悟语义，而不习惯在复杂的结构中分析出语义。最后，"'是'概念不发达"，这是变通思维与规定思维之间差异产生的结果。具体表现在汉语母语者不擅长以下定义的方式表述观点；在理解英语表达时，对事物的内涵和外延很难做到准确把握。

第四，如何通过思维模式的调适消解汉英互译思维模式差异引发的冲突？在充分考虑到汉英思维模式各自特点的基础上，本书提出通过思维"前结构"调整、"逻辑反演""逻辑追问""现象学还原"等路径建立汉英思维模式调适的通道，自觉地调整一种思维结构相关要素的关系，使之重新组建成另一种思维结构，实现准确地"达意"。

上述关于汉英互译中思维模式调适的研究能够为当代翻译教学、汉英文化交流提供对策性建议，例如，通过开设中西文化比较课程、注重汉英文化交流中不同语言背景交流者的思维特征，加强文化交流中理解和解释的研究和优化汉英文化交流中的对话关系，促进汉英文化交流。此外，从思维模式的调适、翻译人才培养和文化发展战略角度，可以为如何讲好中国故事提供新思路。

由于著者学识有限及汉英互译中思维模式调适研究自身的复杂性，本书在以下三方面尚付阙如：

一是在汉英互译中思维模式差异的测评体系建构方面，由于思维模式内涵界定、维度划分和形成过程等方面的问题比较复杂,抽象程度较高,增加了汉英思维模式差异的测评难度。目前,与思维模式有关的研究可以通过哲学思辨和实证研究两条路径进行,但是单纯强调哲学的研究范式,很难深入了解思维活动的细节和机制;实证研究能够呈现思维调适的效果,但很难直接对应于思维活动的特征和转换机制,哲学思辨和实证研究相结合的研究尚处于起步阶段。本书主要采用哲学思辨的路径,同时借鉴已有实证研究的成果,希望将两条路径有机地结合起来,但这方面的研究还不够深入。因此,在汉英互译中思维模式差异的测评体系建构方面还有很多工作值得展开。

二是中西文化差异对汉英互译中思维模式调适产生的影响。汉英思维模式的差异与中西文化的不同有着紧密的关系,汉英思维模式承载着深厚的文化渊源。换言之,汉英思维模式各自包含的中西文化精神,诸如"崇德利用""契约精神""尚礼""尚力"等,早已深深烙印在以汉英母语者的心理结构之中,成为引导思维模式运作的强大力量。未来的研究可以从中西文化比较的角度切入,特别是针对英语思维特征的文化背景和社会环境进行专题研究,从而为我国外语人才培养提供有针对性的理论指导和方法指南。

三是本书只针对汉英互译中思维模式调适展开相关研究,未来的研究可以扩展到汉语与非通用语种之间的思维模式调适研究。尤其是汉语思维与"一带一路"共建国家语言思维的比较研究。这可以加深中国文化与"一带一路"共建国家文化的相互了解、相互认同和相互信任,通过语言与思维的互通,实现政治、经济、外交等各个领域的互联互通;同时,可以消除由思维模式差异造成的中国与"一带一路"共建国家在交流过程中的阻碍因素,提升中国对"一带一路"共建国家的认知力、包容力和化解矛盾解决问题的能力,促进中国与"一带一路"共建国家的文明互鉴,以及在人文各个领域的交流和合作。

参考文献

阿·谢·阿贺曼诺夫. 1982. 亚里士多德逻辑学说. 马兵译. 上海：上海译文出版社.

爱因斯坦. 1978. 爱因斯坦文集. 许良英等译. 北京：商务印书馆.

安乐哲. 2017. 儒家角色伦理学——一套特色伦理学词汇. 孟巍隆译. 济南：山东人民出版社.

安乐哲，郝大维. 2011. 切中伦常——《中庸》的新诠与新译. 彭国翔译. 北京：中国社会科学出版社.

柏拉图. 2006. 斐多—柏拉图对话录. 杨绛译. 北京：中国国际广播出版社.

包通法. 2015. 论"象思维"样式与汉典籍外译. 外语学刊，(6)：89–94.

北京大学外国哲学史教研室编译. 1982. 古希腊罗马哲学. 北京：商务印书馆.

北京大学哲学系中国哲学教研室. 2017. 中国哲学史. 北京：北京大学出版社.

本杰明·李·沃尔夫. 2012. 论语言、思维和现实——沃尔夫文集. 高一虹译. 北京：商务印书馆.

布鲁门伯格. 2012. 神话研究（上）. 胡继华译. 上海：上海人民出版社.

蔡金亭，李佳. 2016. 语言层迁移和概念层迁移的研究方法. 外语界，(4)：2–20.

蔡美丽. 2012. 胡塞尔. 台北：东大图书公司.

常敬宇. 2009. 汉语词汇与文化. 北京：北京大学出版社.

陈宏俊. 2011. 汉英隐喻脑机制对比研究. 大连：大连理工大学博士学位论文.

陈嘉映. 2010. 语言哲学. 北京：北京大学出版社.

陈新仁，蔡一鸣. 2011. 为提喻正名——认知语义学视角下的提喻和转喻. 语言科学，(1)：93–100.

成中英. 2017. 文明对话、文化合作与对"一带一路"倡议的哲学反思. 深圳大学学报（人文社会科学版），(5)：17–19.

戴维·库珀. 2007. 隐喻. 郭贵春等译. 上海：上海科技教育出版社.

但昭明. 2015. 从实体到机体——怀特海本体论研究. 北京：人民出版社.

邓晓芒. 2013. 中西文化心理比较讲演录. 北京：人民出版社.

狄尔泰. 2001. 对他人及其生命表现的理解. 洪汉鼎主编. 理解与解释——诠释学经典文选. 上海：东方出版社.

董冰. 2006. 自发性刍论. 上饶师范学院学报，(4)：4.

段玉裁. 1988. 说文解字注. 上海：上海古籍出版社.

恩斯特·卡西尔. 2017. 语言与神话. 于晓译. 北京：生活·读书·新知三联书店.

范大祺. 2017. 浅议我国对外宣传交流的政治话语体系问题. 全国哲学社会科学话语体系建设协调会议办公室. 全国哲学社会科学话语体系建设理论研讨会论文集（上）. 北京：中国人民大学出版，75.

冯友兰. 2013. 中国哲学简史. 北京：北京大学出版社.

弗里德里希·恩格斯. 2015. 自然辩证法. 中共中央马克思恩格斯列宁斯大林著作编译局译. 北京：人民出版社.

高本汉. 2010. 汉语的本质和历史. 聂鸿飞译. 北京：商务印书馆.

高名凯. 2011. 语言论. 北京：商务印书馆.

高宣扬. 1989. 李克尔的解释学. 台北：远流出版社.

龚光明. 2004. 翻译思维学. 上海：上海社会科学院出版社.

郭贵春. 2012. 走向语境论的世界观——当代科学哲学研究范式的反思与重构. 北京：北京师范大学出版社.

哈钦斯. 2010. 荒野中的认知. 于小涵, 严密译. 杭州: 浙江大学出版社.

海德格尔. 2006. 存在与时间. 陈嘉映, 王庆节译. 北京: 生活·读书·新知三联书店.

海德格尔. 2015. 存在与时间. 陈嘉映等译. 北京: 商务印书馆.

赫尔德. 2014. 论语言的起源. 姚小平译. 北京: 商务印书馆.

黑格尔. 1997. 精神现象学. 贺麟, 王玖兴译. 北京: 商务印书馆.

洪汉鼎. 2006. 理解与解释——诠释学经典文选. 上海: 东方出版社.

洪汉鼎. 2011. 当代西方哲学两大思潮（下册）. 北京: 商务印书馆.

胡海波. 2015. 中国精神的实践本性与文化传统. 哲学研究, (12): 114–121.

黄海军, 马可云. 2009. 隐喻认识观照下的颜色隐喻及翻译研究. 中国翻译, (5): 66–71.

贾毓玲. 2017. 对融通中外话语体系建设的几点思考. 全国哲学社会科学话语体系建设协调会议办公室. 全国哲学社会科学话语体系建设理论研讨会论文集（下）. 北京: 中国人民大学出版社, 562.

姜孟. 2006. 英语专业学习者隐喻能力发展实证研究. 国外外语教学, (4): 27–34.

姜孟, 周清. 2015. 语言概念能力假设与外语学习者的"隐性不地道现象". 外语与外语教学, (4): 43–49.

卡特福德, 1991. 翻译的语言学理论. 穆雷译. 北京: 旅游教育出版社.

克里福德·吉尔兹. 2000. 地方性知识. 王海龙等译. 北京: 中央编译出版社.

克罗齐. 1983. 美学原理: 美学纲要. 朱光潜译. 北京: 人民文学出版社.

克洛德·列维–斯特劳斯. 2014. 野性的思维. 李幼蒸译. 北京: 中国人民大学出版社.

蒯因. 2012. 语词和对象. 陈启伟等译. 北京: 中国人民大学出版社.

李河. 2005. 巴别塔的重建与解构——解释学视野中的翻译问题. 昆明:

云南大学出版社.

李先焜. 1993. 公孙龙《名实论》中的符号学理论. 哲学研究，(6)：62–69.

李业富. 2017. 经验的重构——杜威教育学与心理学. 上海：华东师范大学出版社.

李约瑟. 1990. 中国科学技术史（第二卷）. 北京：科学出版社.

连淑能. 2010. 英汉对比研究. 北京：高等教育出版社.

列宁. 1993. 哲学笔记. 中央编译局译. 北京：人民出版社.

林巍. 2009. 中西文化比较与翻译研究. 上海：华东理工大学出版社.

刘晗. 2017. 从巴赫金到哈贝马斯——20世纪西方话语理论研究. 成都：西南交通大学出版社.

刘华文. 2005. 汉英翻译中再范畴化的认知特征. 外语研究，(4)：49–54.

刘永升. 2010. 全本黄帝内经. 天津：华文出版社.

刘正琰，高明凯，麦永乾，史有为. 1984. 汉语外来语词典. 上海：上海辞书出版社.

陆俭明，沈阳. 2016. 汉语和汉语研究十五讲. 北京：北京大学出版社.

罗伯特·索科拉夫斯基. 2009. 现象学导论. 高秉江，张建华译. 武汉：武汉大学出版社.

罗嘉昌. 1996. 从物质实体到关系实在. 北京：中国社会科学出版社.

罗思文，安乐哲. 2020. 儒家角色伦理——21世纪道德视野. 吕伟译. 杭州：浙江大学出版社.

洛克. 1959. 人类理解论（上）. 关文运译. 北京：商务印书馆.

马丁·布伯. 2016. 我与你. 陈维纲译. 北京：商务印书馆.

孟昭兰. 1989. 人类情绪. 上海：上海人民出版社.

苗力田. 2016. 亚里士多德全集（第一卷）. 北京：中国人民大学出版社.

尼采. 2000. 权力意志. 贺麟译. 桂林：漓江出版社.

尼古拉斯·布宁，余纪元. 2001. 西方哲学英汉对照词典. 北京：人民出版社.

倪梁康. 2016. 胡塞尔现象学通释. 北京：商务印书馆.

聂敏里. 2016. "实体—主体"原则与本质个体. 云南大学学报（社会科学版），(4)：25-36.

潘德荣. 2008. 诠释学——理解与误解. 天津社会科学，(1)：32-35.

潘文国. 1997. 汉英语对比纲要. 北京：北京语言文化大学出版社.

潘运告. 1997. 汉魏六朝书画论. 长沙：湖南美术出版社.

皮亚杰. 1984. 结构主义. 倪连生，王琳译. 北京：商务印书馆.

邱文生. 2010. 认知视野下的翻译研究. 厦门：厦门大学出版社.

全国哲学社会科学话语体系建设协调会议办公室. 2017a. 全国哲学社会科学话语体系建设理论研讨会论文集（上）. 北京：中国人民大学出版社.

全国哲学社会科学话语体系建设协调会议办公室. 2017b. 全国哲学社会科学话语体系建设理论研讨会论文集（下）. 北京：中国人民大学出版社.

全国哲学社会科学话语体系建设协调会办公室. 2017c. 中国特色哲学社会科学构建与话语体系创新. 北京：社会科学文献出版社.

阮新邦，林瑞. 2003. 解读沟通行动论. 上海：上海人民出版社.

单继刚. 2007. 翻译的哲学方面. 北京：中国社会科学出版社.

单伟. 2006. 统一与超越：人的发展的自觉与自发. 上饶师范学院学报，(8)：7-11.

尚杰. 2010. 中西：语言与思想制度. 北京：北京大学出版社.

佘碧平. 2009. "结构"谜思：从列维－斯特劳斯、梅洛－庞蒂到布尔迪厄. 同济大学学报（社会科学版），(2)：6-10.

沈家煊. 2016. 名词和动词. 北京：商务印书馆.

沈家煊. 2017. 汉语有没有"主谓结构". 现代外语，(1)：1-13.

沈轻松. 2014. 跨文化哲学论. 北京：人民出版社.

司马光. 2010. 司马光集. 成都：四川大学出版社.

斯宾诺莎. 1983. 伦理学. 贺麟译. 北京：商务印书馆.

斯通普夫，菲泽. 2009. 西方哲学史——从苏格拉底到萨特及其后. 匡宏，邓晓芒等译. 北京：世界图书出版公司.

松年. 1984. 颐园论画. 关和璋注译. 呼和浩特：内蒙古人民出版社.

苏沃洛夫. 1985. 唯物主义辩证法. 毕丹等译. 北京：中国人民大学出版社.

索绪尔. 2011. 普通语言学教程. 高明凯译. 北京：商务印书馆.

孙向晨. 2000. 莱维纳斯的"他者"思想及其对本体论的批判. 复旦学报（社会科学版），(5)：81-88.

孙正聿. 2013. 哲学修养十五讲. 北京：北京大学出版社.

汤川秀树. 1987. 创造力和直觉. 周林东译. 上海：复旦大学出版社.

唐力权. 1998. 脉络与实在——怀德海机体哲学之批判的诠释. 宋继杰译. 北京：中国社会科学出版社.

唐志契. 2015. 绘事微言. 济南：山东画报出版社.

涂纪亮. 2007. 现代欧洲大陆语言哲学——现代西方语言哲学比较研究. 武汉：武汉大学出版社.

王秉钦. 1992. 文化与翻译三论——论东西方思维方式差异及其翻译. 外语教学，(4)：71-77.

王慧莉，王文宇. 2012. 双语者语言加工机制研究. 上海：上海交通大学出版社.

王军. 2001. 论翻译中的语篇解构与重构的思维模式. 外国语（上海外国语大学学报），(6)：57-64.

王力. 1958. 汉语史论文集. 北京：科学出版社.

王立志. 2009. 人的科学如何可能——从方法论视角看列维 – 斯特劳斯的

"结构". 自然辩证法研究, (12): 22–26.

王前. 2005. 中西文化比较概论. 北京: 中国人民大学出版社.

王前. 2009. 哲学的解蔽——从知识到体验. 北京: 人民出版社.

王前. 2011. "视域"的认识论意义. 哲学研究, (11): 38–42.

王前. 2017. 生机的意蕴——中国文化背景的机体哲学. 北京: 人民出版社.

王前. 2021. 古韵新声——中国传统范畴的现代诠释. 北京: 科学出版社.

王前, 刘欣. 2019. 基于关系网络的直觉思维探析. 自然辩证法研究, (4): 122–127.

王善钧. 1985. 列维–斯特劳斯结构主义方法论评介. 厦门大学学报(哲学社会科学版), (5): 15–52.

王树人. 2006. 中国的"象思维"及其原创性问题. 学术月刊, (1): 51–57.

王树人. 2012. 回归原创之思——"象思维"视野下的中国智慧. 南京: 江苏人民出版社.

王树人, 瑜柏林. 1996. 传统智慧再发现——常青的智慧与艺魂(上). 北京: 作家出版社.

王小潞. 2007. 汉语隐喻认知的神经机制研究. 杭州: 浙江大学博士学位论文.

威廉·冯·洪堡特. 1999. 论人类语言结构的差异及其对人类精神发展的影响. 姚小平译. 北京: 商务印书馆.

威廉·冯·洪堡特. 2011. 洪堡特语言哲学文集. 姚小平译. 北京: 商务印书馆.

威廉·麦独孤. 1997. 社会心理学导论. 俞国良译. 杭州: 浙江教育出版社.

文秋芳, 孙旻. 2015. 评述高校外语教学中思辨力培养存在的问题. 外语教学理论与实践, (3): 6–12.

乌永志. 2000. 英语写作常见问题分析与训练. 外语教学, (3): 81–86.

吾淳. 1998. 中国思维形态. 上海: 上海人民出版社.

吴志奇. 2014. 抓住中国文化"走出去"的关键环节——中国翻译研究院成立仪式暨"中国文化对外交流与中译外"翻译人才培养高峰论坛侧记. 对外传播,（8）: 32-33.

伍非百. 1983. 中国古名家言（下）. 北京: 中国社会科学出版社.

习近平. 2018. 习近平谈治国理政（英文版）. 英文翻译组译. 北京: 外文出版社.

夏瑞春. 1997. 德国思想家论中国. 南京: 江苏人民出版社.

谢文郁. 2016. 形而上学与西方思维. 南宁: 广西人民出版社.

徐果明. 2003. 反演理论及其应用. 北京: 地震出版社.

徐利治, 王前. 1990. 数学与思维. 长沙: 湖南教育出版社.

徐通锵. 1997. 语言论——语义型语言的结构原理和研究方法. 长春: 东北师范大学出版社.

徐通锵. 2007. 语言学是什么. 北京: 北京大学出版社.

徐通锵. 2008. 汉语字本位语法导论. 济南: 山东教育出版社.

徐小虎. 2014. 画语录. 桂林: 广西师范大学出版社.

许宝强, 袁伟. 2001. 语言与翻译的政治. 北京: 中央编译出版社.

许慎. 2014. 说文解字. 北京: 中华书局.

许渊冲. 2012. 再谈中国学派的文学翻译理论. 中国翻译,（4）: 83-90.

亚里士多德. 1991. 修辞学. 罗念生译. 北京: 生活·读书·新知三联书店.

亚里士多德. 1996. 诗学. 陈中梅译. 北京: 商务印书馆.

亚里士多德. 2011. 范畴篇 解释篇. 方书春译. 北京: 生活·读书·新知三联书店.

严平. 2003. 伽达默尔集. 上海: 上海远东出版社.

颜一. 2002. 实体（ousia）是什么——从术语解释看亚里士多德的实体论.

世界哲学，（2）：71–78.

杨枫. 2019. 高等外语教育的国家意识、跨学科精神及应用理念. 当代外语研究，（2）：1.

杨连瑞. 2015. 中介语语言学多维研究. 北京：外语教学与研究出版社.

杨刘保，张保忠. 2017. 对融通中外话语体系建设的几点思考. 全国哲学社会科学话语体系建设协调会议办公室，全国哲学社会科学话语体系建设理论研讨会论文集（下）. 北京：中国人民大学出版社，562.

杨文星. 2006. 汉、英本族语者时间思维方式对语言加工的影响. 北京：北京外国语大学博士学位论文.

伊利亚·普里戈金，斯唐热. 1987. 从混沌到有序. 曾庆宏译. 上海：上海译文出版社.

殷鼎. 1988. 理解与命运——解释学初探. 北京：生活·读书·新知三联书店.

于小涵，盛晓明. 2016. 从分布式认知到文化认知. 自然辩证法研究，（11）：14–19.

于学成. 2017. 构建富有时代内涵的高校意识形态工作话语体系. 全国哲学社会科学话语体系建设协调会议办公室，全国哲学社会科学话语体系建设理论研讨会论文集（上）. 北京：中国人民大学出版社，163–170.

余光中. 2014. 翻译乃大道. 北京：外语教学与研究出版社.

袁颖. 2005. 从认知语言学角度看阅读过程中的隐喻思维. 外语与外语教学，（7）：31–33.

约翰·杜威. 1991. 我们怎样思维——经验与教育. 姜文闵译. 北京：人民教育出版社.

约翰·塞尔. 1999. 心、脑与科学. 杨音莱译. 上海：上海译文出版社.

张岱年. 1991. 中国思维偏向. 北京：中国人民大学出版社.

张岱年，程宜山. 2015. 中国文化精神. 北京：北京大学出版社.

张东荪. 2011. 知识与文化. 长沙：岳麓书社.

张恩宏. 1987. 思维与思维方式. 哈尔滨：黑龙江科学技术出版社.

张光明. 2001. 英汉互译思维概论. 北京：外语教学与研究出版社.

张涵. 2011. 上帝之道的先存性和认主独一. 基督宗教研究，(00)：371–382.

张柯. 2010. 论海德格尔思想之"Dasein"概念的翻译窘境. 江苏社会科学，(1)：35–40.

张柯. 2013. 论海德格尔思想之"Dasein"概念的内涵与汉译问题. 云南大学学报（社会科学版），(3)：25–33.

张隆溪. 2005. 中西文化研究十论. 上海：复旦大学出版社.

张隆溪. 2014. 阐释学与跨文化研究. 北京：生活·读书·新知三联书店.

张汝伦. 1986. 意义的探究——当代西方释义学. 沈阳：辽宁人民出版社.

张世英. 1999. 进入澄明之境——哲学的新方向. 北京：商务印书馆.

张世英. 2005. 天人之际——中西哲学的困惑与选择. 北京：人民出版社.

张世英. 2013. 觉醒的历程——中华精神现象学大纲. 北京：中华书局.

张世英. 2014. 哲学导论. 北京：北京师范大学出版社.

张世英. 2016a. 境界与文化. 北京：北京大学出版社.

张世英. 2016b. 中西文化与自我. 北京：北京大学出版社.

张祥龙. 2000. 边缘处的理解——中西思想对话中的"印迹". 安徽师范大学学报，(11)：478–482.

张祥龙. 2006. 当代西方哲学笔记. 北京：北京大学出版社.

张祥龙. 2011a. 现象学导论七讲——从原著阐发原意. 北京：中国人民大学出版社.

张祥龙. 2011b. 从现象学到孔夫子. 北京：商务印书馆.

张祥龙. 2012a. 学术前沿论丛. 北京：北京师范大学出版社.

张祥龙. 2012b. 德国哲学、德国文化与中国哲理. 上海：上海外语教育出版社.

张祥龙. 2022. 海德格尔与中国天道. 北京：商务印书馆.

张再林. 2004. 中西哲学的歧义与会通. 北京：人民出版社.

赵乐静. 2011. 技术解释学. 昆明：云南大学出版社.

郑争文. 2014. 胡塞尔直观问题概论. 北京：中国社会科学出版社.

周春生. 2001. 直觉与东西方文化. 上海：上海人民出版社.

周春生. 2003. "取譬"与"是". 哲学研究,（7）: 66–73.

周明伟. 2014. 建设国际化翻译人才队伍，推动中国文化走出去. 中国翻译,（5）: 5.

周裕锴. 2003. 中国古代阐释学研究. 上海：上海人民出版社.

朱熹. 1992. 四书章句集注. 济南：齐鲁书社.

朱湘军. 2012. 翻译研究之哲学启示录. 上海：上海交通大学出版社.

朱湘如，刘昌. 2005. 前扣带回功能的冲突检测理论. 心理科学进展,（6）: 767–772.

朱滢，伍锡洪. 2017. 寻找中国人的自我. 北京：北京师范大学出版社.

茱莉亚·克里斯蒂娃. 2016. 主体·互文·精神分析——克里斯蒂娃复旦大学演讲集. 祝克懿, 黄蓓译. 北京：生活·读书·新知三联书店.

Ames, T. R. & Henricks, G. R. 1999. *The Analects of Confucius: A Philosophical Translation*. New York: Ballantine Books.

Bealer, G. 1996. On the possibility of philosophical knowledge. *Philosophical Perspective*, (10): 1–14.

Black, M. 1962. *Models and Metaphors*. New York: Cornell University Press.

Blackburn, S. 2016. *Oxford Dictionary of Philosophy* (3rd ed.). Oxford: Oxford University Press.

Boeckx, C. 2009. *Language in Cognition: Uncovering Mental Structures and the Rules Behind Them.* Hong Kong: Willey-Blackwell.

Booth, A. (Ed.). 2014. *Intuition.* Oxford: Oxford University Press.

Botvinick, M. M., Cohen, J. D. & Carter, C. S. 2004. Conflict monitoring and anterior cingulate cortex: An update. *Trends in Cognitive Science,* 8(12): 539–946.

Bush, G.,Vogt, B. A., Holmes, J., Dale, A. M., Greve, D., Jenike, M. A. & Rosen, B. R. 2002. Dorsal anteriorcingulate cortex: A role in reward-based decision making. *PNAS,* 99(1): 523–528.

Bylund, E. & Athanasopoulos, P. 2014. Linguistic relativity in SLA: Towards a new research program. *Language Learning,* (64): 952–985.

Carrol, J. B. (Ed.) 1956. *Language, Thought, and Reality*: Selected Writings of Benjamin Lee Whorf. Massachusetts: MIT Press.

Cobuild, C. 1995. *English Dictionary—Helping Learners with Real English.* Glasgow: HarperCollins Publisher.

Danesi, M. 1992. Metaphorical competence in second language acquisition and second language teaching: The neglected dimension. In J. E. Alatis (Ed.), *Georgetown University Round Table on Languages and Linguistics.* Washington DC: Georgetown University Press, 489–500.

Deignan, A., Gabrys, D. & Solska, A. 1997. Teaching English metaphors using cross-linguistic awareness-raising activities. *English Language Teaching Journal,* (4): 352–360.

Diamond, A. 2002. Normal development of prefrontal cortex from birth to young adulthood: Cognitive functions, anatomy, and biochemistry. In D. T. Stuss & R. T. Knight. *Principles of Frontal Lobe Function.* New York: Oxford University Press, 466–503.

Farquhar, J. 2020. *A Way of Life: Things, Thought, and Action in Chinese Medicine.* New Heaven: Yale University Press.

Friederici, A. & Chomsky, N. 2017. Language mind and brain. *Nature,* (10): 713–722.

Gadamer, H. 1989. Text and interpretation. In P. Diane, P. D. Michelfelder & E. R. Plamer (Eds.), *Dialogue and Deconstruction: The Gadamer-Derrida Encounter*. Albony: State University of New York Press, 21–31.

Gadamer, H. 1989. *Truth and Method*. New York: Crossroad.

Gazzaniga, M. B., Ivry, R. B., Mangun, G. R. 2011. 认知神经科学：关于心智的生物学. 周晓林，高定国译. 北京：中国轻工业出版社.

Goucha, T. 2015. *How language shapes the brain: Cross-linguistic differences in structural connectivity*. The 45th Annual Meeting of the Society for Neuroscience, Chicago, USA.

Greertz, C. 1973. *The Interpretation of Culture*. New York: Basic Books.

Hall, D. L. 1982. *The Uncertainty Phoenix*. New York: Fordham University Press.

Harden, T. 2009. Accessing conceptual metaphors through translation. In A. Witte (Ed.), *Translation in Second Language Learning and Teaching*. Bern: Peter Lang AG / International Academic Publishers, 119–136.

Harris, D. 1912. The metaphor in science. *Science*, (992): 263–269.

Heidegger, M. 1991. *Being and Time*. New York: Wiley-Blackwell.

Hintikka, J. 1994. *Aspects of Metaphor*. Boston: Kluwer Academic Publisher.

Hintikka, J. & Sanda, G. 1994. Metaphor and other kinds of Nonliteral meaning. In J. Hintikka (Ed.), *Aspects of Metaphor*. Boston: Kluwer Academic Publisher 151–188.

Hohwy, J. 2013. *The Predictive Mind*. Oxford: Oxford University Press.

Hosoda, C., Hanakawa, T., Nariai, T. & Ohno, K. 2012. Neural mechanism of language switch. *Journal of Neurolinguistics*, (25): 41–44.

Jarvis, S. 2011. Conceptual transfer: Crosslinguistic effects in categorization and construal. *Bilingualism: Language and Cognition*, (14): 1.

Jarvis, S. 2015. Fundamental issues in conceptual transfer research. *Foreign Languages and Their Teaching*, (4): 32–36.

Jarvis, S. 2016. Clarifying the scope of language transfer. *Language Learning*, (66): 610–611.

Jarvis, S. & Pavlenko, A. 2008. *Crosslinguistic Influence in Language and Cognition*. New York: Routledge.

Jennings, D. C. 2012. The subject of attention. *Synthesis*, (9): 535–554.

Judith, F. 1996. *Knowing Practice: The Clinical Encounter of Chinese Medicine*. Boulder: Westview.

Kövecses, Z. 2005. *Metaphor in Culture*. Cambridge: Cambridge University Press.

Kövecses, Z. 2010. *Metaphor: A Practical Introduction* (2nd ed.). Oxford & New York: Oxford University Press.

Kövecses, Z. 2015. *Metaphor: Where Metaphors Come from—Reconsidering Context in Metaphor*. New York: Oxford University Press.

Kroll, J. F. & Stewart, E. 1994. Category interference in translation and picture naming: Evidence for asymmetric connections between bilingual memory representations. *Journal of Memory and Language*, (33): 149–174.

Lakoff, G. 1987. *Women, Fire, and Dangerous Things*. Chicago & London: University of Chicago Press.

Lakoff, G. & Johnson, M. 2003. *Metaphors We Live By*. Chicago: Chicago University Press.

Liao, M. 2008. In defense of intuitions. *Philosophical Studies*, (140) 247–262.

Littlemore, J. 2008. The relationship between associative thinking, analogical reasoning, image formation and metaphoric extension strategies. In M. S. Zanotto & L. Cameron (Eds.), *Confronting Metaphor in Use: An Applied Linguistic Approach*. Philadelphia: John Benjamins Publishing Company, 199–222.

MacConmac, R. 1986. *A Cognitive Theory of Metaphor*. Cambridge: MIT Press.

Maynes, J. & Gross, S. 2013. Linguistic intuition. *Philosophy Compass*, 8(8): 714–730.

McCormick, P. & Elliston, F. 1981. *Husserl's Short Stories*. Notre Dame: University of Notre Dame Press.

Metzinger, T. 2009. *The Ego Tunnel*. New York: Basic Books.

Moeller, H. 2006. *The Philosophy of the Daodejing*. New York: Columbia University Press.

Munro, D. 1988. *Images of Human Nature: A Sung Portrait*. Princeton: Princeton University Press.

Nichols, S., Stephen, S. & Weinberg, J. 2003. Meta-skepticism: Mediations in ethno-epistemology. In S. Luper (Eds.), *The Skeptics: Contemporary Essays*. Aldershot: Ashgate Publishing, 227–247.

Nisbett, E. R. 2004. *The Geography of Thought—How Asians and Westerners Think Differently... and Why*. New York: Free Press.

Odlin, T. 1989. *Language Transfer: Cross-Linguistic Influence in Language Learning*. Cambridge: Cambridge University Press.

Pavlenko, A. 2014. *The Bilingual Mind and What It Tells Us About Language and Thought*. Cambridge: Cambridge University Press.

Peden, M. S. 1989. Building a translation, the reconstruction business: Poem 145 of Sor Juana Inés de la Cruz. In J. Biguenet & R. Schulte (Eds.), *The Craft of Translation*. Chicago & London: University of Chicago Press, 13–37.

Pertersen, S. & Posner, M. 2012. The attention system of the human brain. *Annual Review of Neuroscience*, (7): 73–79.

Pollock, J. 1974. *Knowledge and Justification*. Princeton: Princeton University Press.

Price, C. J. 1999. A functional imaging study of translation and language switching. *Brain*, (12): 221–235.

Ricoeur, P. 2003. *The Rules of Metaphor*. New York: Routledge & Kegan Paul.

Rosemont, H & Ames, T. R. 2016. *Confucian Role Ethics—A Moral Vision for 21st Century*. Taipei: Taiwan University Press.

Schleiermacher, F. 1977. *Hermeneutics: The Handwritten Manuscript* (J. Duke & J. Forstman trans.). Cambridge: Scholar Press.

Searle, R. J. 2004. *Mind—A Brief Introduction*. New York: Oxford University Press.

Selinker, L. 1972. Interlanguage. *International Review of Applied Linguistic*, (10): 209–231.

Sinclair, J. (Ed.). 2000. *Collins Cobuild English Dictionary*. Glasgow: Harper-Collins Publisher.

Slingerland, E. 2011. Metaphor and meaning in early China. *Dao*, (10): 3.

Slobin, D. 1991. Learning to think for speaking: Native language, cognition, and rhetorical style. *Pragmatics*, (1): 7–25.

Turri, J. 2014. Linguistic intuitions in context: A defense of non-skeptical pure invariantism. In Booth, A, *Intuition*. Oxford: Oxford University Press, 165–186.

Tymoczko, M. & Gentlzer, E. (Eds.). 2002. *Translation and Power*. Amherst: University of Massachusetts Press.

Way, C. 1991. *Knowledge Representation and Metaphor*. New York: Kluwer Academic Publisher.

Witte, A. 2014. *Blending Spaces: Mediating and Assessing Intercultural Competence in the L2 Classroom*. Boston: Mouton De Gruyter.

Zahavi, D. 2014. *Self and Other—Exploring Subjectivity, Empathy and Shame*. Oxford: Oxford University Press.

后 记

本书撰写的灵感来自作者对译者"英语表达不地道"现象的深入思考。虽然外语界和翻译界的学者对此现象进行了不少的探讨与研究，但仍未能对问题产生的根源进行深入的剖析，因此较难提出有针对性且有效的解决方案。

机缘巧合，作者涉猎哲学领域，开启从哲学视角探索包括"英语表达不地道"现象在内的诸多汉英互译中常见问题研究的旅程。路漫漫其修远兮。由于作者本专业是英语，知识结构所限，在学习哲学之初，如云山雾罩，千丝万缕的知识点仿佛一张密不透气的无形网罩，让人时常有窒息的感觉。每天读书、思考、写作、修改，如此日复一日、周而复始，像作茧自缚，难以挣脱。

幸而遇到大连理工大学王前教授。先生人品贵重、知识渊博、学贯中西、鸿儒硕学，在中西哲学比较、科技哲学、语言哲学等领域都有很深的造诣。先生的诸多著作，例如《中西文化比较概论》（中国人民大学出版社，2004）、《生机的意蕴——中国文化背景的机体哲学》（人民出版社，2017）、《古韵新声——中国传统范畴的现代诠释》（科学出版社，2021）等都给予本书的撰写以极大启发。在过去几年间，作者与王前教授合作完成多篇论文，其中，《汉英语言表达中的思维方式比较》（《外语学刊》，2016 年第 2 期）、《基于关系网络的直觉思维探析》（《自然辩证法研究》，2019 年第 4 期）、"The Significance of Horizon in Scientific Cognitive Activities"（*Philosophy Study*，2018 年第 4 期）、《机体哲学的类型论研究及其现实意义》（《洛阳师范学院学报》，2018 年第 12 期）等为本书的撰写打下了坚实的理论基础。

作者与王前教授相识于2013年深秋,感恩先生十余年的谆谆教诲。清代诗人罗振玉在《鸣沙石室佚书——太公家教》中写道:"弟子事师,敬同于父,习其道也,学其言语。"谨此向王前教授致以衷心的感谢和诚挚的敬意!